"Las mil y una ping…"

LAS MIL Y UNA PING..

(novela erótica-sentimental)

Mayda Saborit

2015

"Las mil y una ping..."

©Mayda Saborit, 2015

Todos los derechos reservados.

ISBN 978-0-9856325-4-0

Nota del Editor.

Las mil y una ping... es la cronología femenina de un desnudo por etapas, donde una mujer se descubre poco a poco en crudas narraciones, desarropándose en cuerpo y alma.

Con valiente destreza la protagonista conversa con el lector, relatando en francos párrafos sorprendentes memorias sobre su vida íntima, además de que nos presenta ingeniosamente, en controversial prosa, la dramática riqueza de sus aventuras y desventuras sentimentales, viajando de forma sublime de lo romántico a lo sexual, y viceversa.

Cual Scheherezada de las Mil y una Noches nunca retrocede en su plan de mantener cautivado a quien hojea sus escritos tal vez con el fin de que la rutina nunca mande a ejecutar al deseo y la pasión sin límites.

Sus polémicas descripciones intentan despertar aun más la percepción de algunos términos que aunque muchos quieran interpretar como desfachatez, atrevimiento o descaro no son más, en la opinión de la escritora: sinceridad, franqueza y autenticidad.

"Las mil y una ping..."

Índice

Capítulo 1 El Supersanto..... 4

Capítulo 2 Papillón................ 19

Capítulo 3 Un tipo Teta ordeñado por el destino.... 50

Capítulo 4 La historia sin fin............... 73

Capítulo 5 A los pies de Orula............ 99

Capítulo 6 El hombre X.........123

Capítulo 7 El Apuesto de Belascoain y El Bello De Infanta.....149

Capítulo 8 Corazón partío.........190

Notas del editor 202

"Las mil y una ping..."

Capítulo 1

El Supersanto.

Ya ni me acordaba de él, ni siquiera había mencionado su nombre en ocho largos años, por eso me sorprendió tanto el verlo aparecer en el umbral de la puerta de mi cuarto con el rostro un poco adobado en madurez. Sentada en el suelo memorizaba el guión de "Un Tema para Verónica" La obra que íbamos a representar a la semana entrante. Un mono- short corto me permitía mostrar las piernas cruzadas y el espejo de pared me devolvía la figura menuda que a cada rato se movía con flexibilidad según lo requería el argumento. Recostando su mano suavemente en la pared de ladrillo que todavía olía a cemento fresco me soltó:

- ¿Cómo te va? y esperó mi reacción.

Me puse de pie rápidamente sin apoyarme en nada que no fuera sobre mis pies descalzos.

"Las mil y una ping..."

- Bien - respondí con naturalidad - ¿Y a ti?- agregué un poco asombrada de mí misma al ver que a pesar de todo no le guardaba ni una gota de rencor.

- Muy mal – replicó apacible y de esa misma manera me empezó a contar todo lo que le pasó después de haber terminado conmigo.

Lo escuché en una total apatía, la ausencia de sentimientos parciales como el amor o el odio me hicieron asimilar con tranquilidad todos sus lamentos; de que la esposa lo abandonó sin tener en cuenta a los niños, que había fracasado muchas veces intentando rehacer su vida, que estaba completamente arrepentido de haberme dejado , y hasta se atrevió a pedirme que le diera otra oportunidad, que él era una persona diferente, madura, y que por sobre todas las cosas había conocido a Dios, que pertenecía a un movimiento cristiano llamado los Supersantos, y muchas otras cosas más.

- ¡Así que Supersantos! - sonreí mientras él me aconsejaba que pensara sin prisa en lo que le iba a contestar, que lo pasado ya estaba muerto y que él respondía a un nuevo Yo.

- ¡Lo siento por ti!– exclamé sin transmitir ninguna emoción - Y me alegro que hayas cambiado pero no hay más chance, ya no siento nada.

Me miró fijamente a los ojos por unos segundos. Noté que le afectó mucho mi frialdad, quiso decir algo, pero no lo hizo.

Salió dejándome ahí parada. Fui a retomar el papel para seguir estudiando cuando de nuevo lo vi frente a mí.

"Las mil y una ping..."

- ¡Coño! ¡Qué mierda comí!- rompió en una queja que apuntaba al pasado.

- ¡Y yo! - respondí, refiriéndome al mismo periodo de la historia.

A El Supersanto lo conocí en mi casa, pues su hermano estudiaba junto con uno de los míos, (el del medio, que parecía pertenecer a una especie de hombres primitivos llamados Neandertales a causa de su escasez de cerebro y su prominente frente ☺ y de quien voy a hablar en la 2da parte) en fin cursaban un taller de soldadura. Me llamó la atención desde el primer día, era delgado y con buenas proporciones, tenía el pelo rubio, corto, y los ojos como el café, pero lo que me hizo morirme en la carretera por él fue su perfil casi perfecto. Casualmente vivía en Cojímar, Habana del Este, cerca de la casa de mi abuela.

Yo también vivía en Cojímar, y moría, como se dice, prácticamente. Allí estaban mis tíos maternos, once en total, de diferentes padres, color y fenotipos, pero con el mismo apellido e "hijos" todos de mi abuelo. Tenía muchos primos y primas con edades paralelas. Fue en casa de mis parientes donde incluso conocí al Sacarosa, mi primer novio, su casa de cristal, muy cuidada a diferencia de la de mi familia, se situaba unos metros más allá calle abajo como si se quisiera adentrar en el acogedor mar. Recuerdo que un día El Sacarosa me visitó aquí en Guanabacoa con motivo de pedir mi mano.

Por entonces mi casa todavía era de madera. Sobre las vigas a cada rato se dejaba ver algún que otro guayabito. Agujeros en el techo permitían la entrada en forma lineal de la luz y advertían por goteos cuando caía la lluvia. Las ventanas invadidas por el comején intentaban prolongar su condición, compitiendo con las tablas de las paredes, así más o menos era la composición de la sala, el comedor y baño, este último pegado

"Las mil y una ping..."

inapropiadamente a la cocina. Vivíamos como en una singular y alargada cueva de madera cuyo final lo marcaba una puerta que daba al patio, en el que se almacenaban montañitas de diferentes materiales de construcción: recebo, arena, ladrillos y sacos de cemento que el Willy (mi papá) acumulaba con el propósito de fabricar una verdadera casa, pero trabajaba en el interior del país durante veinticuatro días y descansaba nada más que una semana en la Habana.

Cuando murió mi abuela paterna, al Willy no le quedó otro remedio que permutar una gran casa que teníamos por tres bajareques ante la imposibilidad de resolver serios conflictos de convivencia con sus hermanos (mis tíos) y sus respectivas familias, y sólo así cada cual tuvo su propio hogar.

Tan pronto entró El Sacarosa su cabeza tropezó con el techo semi-caído del portal, ya en la sala intentó sentarse en un sofá rojo al que le faltaba una pata. No me dio tiempo de avisarle, al momento cayó hacia atrás, todavía no se había incorporado y ya tenía a mi papá frente a él preguntándole que era lo que hacía por la vida, puesto que teníamos sólo dieciséis años para estar en eso de ya ser novios.

- Ahí luchando..., hasta que me coja el verde [1]

Su escasa edad y falta de perspectivas fueron suficientes para que rotundamente no le aceptaran la temprana petición de mano. Este fue el principio de una relación ingenua y frustrada.

Su madre tampoco tranzó nunca, hasta me lo dijo un día en mi propia cara mientras yo estaba parada en su puerta y la escuchaba, percibiendo a la vez un perfumado detergente que me llegaba a la nariz revuelto con el aroma

"Las mil y una ping..."

de muebles de vinil recién lavados. Todo muy distinto a mi casa, cuya atmósfera estaba cargada de Coronilla y humo de cigarro Popular. (2)

Mi hermano el mayor era como un simio, una especie de australopitecos quien ya se ganó su oportuno y correspondiente capítulo más adelante, por ser tan auténtico y excepcional☺, el caso ahora fue que le había dado otro ataque de ira debido a que mi mamá no paraba de beber y entonces la emprendió con mi cuarto, rompiéndolo todo, usando como garrote un ventilador de pie, no quedó títere con cabeza. La coqueta de caoba, mi mesita de noche, adornos de porcelana, en resumen lo poco que heredé de mi abuela paterna, todo terminó patas arriba por lo que no tuve más remedio que volver para Cojímar.

Despechada porque El Sacarosa manipulado por las circunstancias me había dicho que era mejor terminar, no paraba en las noches de tirar piedrecitas a los cristales de su casa desde un escondite detrás de unas enmarañadas matas que cubrían el portal de mi abuela. Una noche me sorprendió El Zancudo que vivía al otro extremo de la cuadra, agachándose a mí lado me ofreció ayuda cerrando el trabajo con broche de oro ya que no fue una piedrecita lo que lanzó sino un enorme seboruco que hizo reventar un cristal en mil pedazos.

Como perro que tumbó la lata no perdimos ni un segundo, escondiéndonos en el pasillo oscuro que dividía la casa de mi abuela de la del lado, donde estaban el botellón de gas, y el motor de agua. Una pequeña luz que salía de casa de Matilde, la vecina chismosa, me permitía contemplar la bella cara de El Zancudo. Muy al contrario de El Sacarosa que tenía piel y pelo dorados, una fuerte complexión y unos ojos color miel; El Zancudo era trigueño, delgado y con grandes ojos verdes. Ellos eran los mejores amigos del mundo, andaban juntos para arriba y para abajo; algo que comenzó a interesarme de un modo insano para mis cortos dieciséis

"Las mil y una ping..."

años, ya que más que el atractivo físico que podía encontrar, me importaba en sí la situación misma. Allí nos caímos a besos, los labios de El Zancudo me supieron más sensuales que los de El Sacarosa y aunque esa noche no pasó nada más, se hacía inevitable un futuro encuentro mucho más profundo.

Mi familia materna era como la moderna versión de "los Miserables" donde la protagonista fue siempre mi abuela, bautizada en Cojímar con el apodo de "Mima". "Pipo" (mi abuelastro) Había conseguido la casa hacía muchos años cuando comenzaron la repartición de bienes pertenecientes a los que se iban del país. En aquella época debió ser una señora casa, de cinco cuartos, dos baños, una amplia cocina comedor, sala, patio, tras patio y un enorme garaje, todo con vista al mar; pero ahora parecía un albergue con tantas improvisadas paredes sin repello que conformaban las divisiones de sus correspondientes sub-viviendas.

Cada cual hacía su vida aparte, solamente se reunían los días de las madres o cuando "El chino ", otro de mis tíos, a quien habían sacado de la cárcel expulsándolo directamente hacia Miami como Marielito, mandaba algún paquete con trapos, que no resolvían la situación y empeoraban las relaciones entre la familia. En esas ocasiones se podía ver a Mima frente a casi todos sus hijos y nietos repartiendo desigualmente las cosas según su preferencia por cada cual. La Rata se llevaba la mejor camisa o pantalón, así también mi tía La Cebolla, mientras que El Negro, El Ruso y los otros con sus respectivas descendencias, si acaso alcanzaban ridículos suvenires. Entonces se formaban tremendas broncas donde se arrebataban prendas personales y otras porquerías con las que El Chino trataba de ayudar a los suyos.

La cuestión era que El Chino en Estados Unidos se había convertido en una especie de Supersanto, después que se cansó de estafar y enmarañar a todo el que se tropezaba en su vida oscura y a sus siniestros socios, no sólo se había ganado unos largos años de hospedaje en las cárceles norte

"Las mil y una ping..."

americanas, sino que cuando salió, alguien, de los tantos a los que le debía dinero quiso cobrarle la deuda a punta de pistola; El Chino aterrado quedó, como en las películas, acorralado en la esquina de la azotea de un rascacielos, advirtiendo su ineludible final cuando de pronto, a unos segundos de que le incrustaran el proyectil en la frente le rogó a Dios con gritos desesperados que lo salvara, que se iba a dedicar solamente a servirle y procurar el bien de su prójimo. Unos dicen que fue por chiripa, otros que se trató de un milagro, una gloriosa revelación. El caso fue que al tipo le dio un infarto al corazón y quedó muerto al instante sin poder dispararle a mi tío la frustrada bala. De otro modo no nos hubiera hecho el cuento, ni hubiera podido cooperar con su familia incondicionalmente desde entonces.

Mima no tardó en conmoverse por el asombroso testimonio de su hijo y donó el techo de su casa a una iglesia pentecostal. En las noches se reunían cantando, y hasta habían contratado a un muchacho para que tocara una moderna pianola que El Chino había enviado desde el norte, ni La Rata pudo contenerse y terminó de rodillas pidiendo perdón por todos sus pecados, aunque a los pocos días sucumbió, no pudo soportar la tentación de robarse la flamante pianola que intentaba armonizar la bulla que allí se armaba. Su cleptomanía pudo más que él, no obstante a eso y a otros tantos fraudes El Chino siempre terminaba perdonándolo.

Una tarde, bajo el primer aguacero de mayo, salí muy brava, partí zumbando como alma que llevaba el diablo tras un escándalo que me formó mi abuela por un pedazo de jabón (3), acusándome de que se lo estaba gastando indiscriminadamente al lavar mi uniforme de escuela, me reclamaba que era el único que había hasta el próximo mes cuando vinieran los mandados a la bodega. (4)

"Las mil y una ping..."

Cuando llegué a la esquina tropecé con El Zancudo que corría en dirección contraria buscando refugio de la lluvia en su casa y me invitó a pasar hasta que se calmara el aguacero.

- ¿Y el perro muerde? - pregunté.

- Aquí el único que muerde soy yo - respondió con picardía.

En su casa no había nadie excepto Cuca su abuela moribunda que yacía en la cama de una habitación lateral. El me llevó directo hasta el fondo donde se encontraba su cuarto, decorado únicamente por una caótica cama, desordenada y sin espaldar, parecía más bien un catre; así era el nido de El Zancudo. Allí nos sentamos en la orilla y no se demoró en chuparme los labios, se encontraron nuestra lenguas en un suave meneo, El Zancudo no se conformó y siguió hasta mi cuello con sus chupadas, revelándome insospechadas cosquillas, al mismo tiempo me desabrochó la sencilla blusa de algodón, el suave choque de su boca con la aureola de mis aun pequeños senos me puso los pelos de punta mientras un agradable picazón me recorría las caderas. Ya no quería seguir, todavía tenía la cabeza un poco fría para darme cuenta de lo que no me convenía, pero El Zancudo continuó con sus insistentes caricias, empecinado en recorrer con sus labios mi torso desnudo y mas allá, me despojó del pantalón lamiéndome las nalgas, ahora sí que mi cerebro empezaba a echar humo, ya no pude pensar más en que era o no conveniente, El Zancudo también se había desprendido de su ropa y me tumbó de forma transversal en la cama arrojándose intranquilo encima de mí.

- No, no... le pedí ya casi sin fuerzas.

Pero era ya tarde, me la empujó por la vagina bruscamente y ahí ya el placer se me convirtió en dolor. Di un grito corto que se desvaneció

"Las mil y una ping..."

opacado por el constante tin tin de la lluvia. La vieja lo volvió a llamar. Él proseguía con fuertes y espasmódicos movimientos hasta que sentí que algo me reboso por dentro, empapándome las entrepiernas. Lo repelí con fuerzas y vi sangre mezclada con semen entre mis muslos.

- ¿Qué hiciste? reaccioné confusa -¡Me rompiste!

- No, yo solamente te la presenté- respondió descaradamente.

Me vestí lo más aprisa que pude sin importarme la embarrazón y salí a la calle corriendo bajo la lluvia, llegué a la parada y con suerte apareció la ruta noventa y cuatro, los asientos estaban ocupados y quedé de pie frente al espejo retrovisor, el pelo ensopado, más negro que nunca, me chorreaba por la cara atezada. Ni siquiera podía distinguir entre las gotas de agua y mis lágrimas.

Días después le conté a la mujer de mi tío El Negro.

- ¡Sssssssssssssssssss!- silbó poniéndose su dedo índice en la boca - Cállate y espera la menstruación, si caes... ¡borrón y cuenta nueva!

Así lo hice. En mis visitas a Cojímar, cuando veía a El Zancudo, actuaba como si nada, ambos nos negábamos individualmente lo que había pasado entre nosotros.

¡No le importa! Pensaba, sobre todo cuando lo veía de la mano de una rubiecita, que le había presentado mi propia prima La Cucaracha.

Sospeché que El Zancudo algo le había dicho a El Sacarosa, porque él también comenzó a ser muy elocuente con su silencio como si me estuviera reclamando: "¿Por qué conmigo no?"

"Las mil y una ping..."

Un día El Sacarosa me invitó a la playa mientras El Zancudo por otra parte ya lo había hecho. Aunque las cosas transcurrieron diferente, a los dos les guardaba resentimiento, pero con todo me atreví a encontrarme con ambos en un sitio de las Playas del Este. Terminé esa tarde sentada en el medio de mis dos temprano fracasos a la caída del sol, camuflados entre los pinos, besando a uno y al otro en la boca. Este fue sólo un avance de mis futuros y terrible romances.

Entre lo que el palo fue y vino ya tenía diecisiete años y El Supersanto como veinte, él sí logró el permiso para una relación formal conmigo, pues ya al menos trabajaba y se le veía más responsable. La madre me quería mucho, deseaba que nos casáramos cuando yo cumpliera los dieciocho y terminara el preuniversitario, su plan era que siguiera estudiando aunque más adelante viniesen los hijos.

Paseábamos tomados de la mano y a veces nos atrevíamos a caminar desde la rotonda hasta Cojímar, que no era poca la distancia de ese recorrido. Íbamos al cine sin importarnos la película, nos sentábamos en lo último aprovechando la obscuridad para darnos mates (5); de esta manera el contacto físico se fue estrechando y ya nos atrevíamos a apretar en las noches por los rincones apartados. ¡Estaba tan ilusionada! Como si hubiera alcanzado a tocar el cielo con las manos.

El Supersanto me fascinaba cada día más. Así pasé ocho mágicos meses caminando como en un embrujo, sobre elevadas nubes de algodón, por lo que la caída tenía que ser dura e impactante. El Supersanto y yo llegamos a efectuar el acto una noche en un rincón cualquiera, bien oscuro y muy apropiado para este tipo de funciones, hasta ahora sólo nos restregábamos y toqueteábamos, casi siempre él terminaba masturbándose, pues me suponía virgen y no quería meterse en camisa de once varas (6). Yo me hacía la chiva con tontera limitándome a los apretones con un mutismo

"Las mil y una ping..."

tramposo. Cuando llegó la hora de la verdad tuve miedo que se diera cuenta que yo quería meterle gato por liebre. Hacía un año que El Zancudo me había desfondado.

Esta vez El Supersanto no pudo más, llevábamos horas calentándonos y mi ligero vestido estilo camisero le facilitó el trabajo, ya hacía rato me lo había levantado friccionándome el rabo duro como un palo por la superficie delantera del blúmer, Hasta que apartó el elástico con una mano y me adentró la pinga hasta lo último.

Volvió el placer a convertírseme en dolor, como la primera vez con El Zancudo. Así que mientras movía rítmicamente sus caderas para gozarme, yo pasaba todo un calvario, era como un coctel de molestia y miedo. Cuando terminó casi se le doblaron las rodillas pero se sostuvo ayudado por mí. Exhausto me soltaba su aliento en el cuello. Otra vez la mezcolanza de semen y sangre entre mis muslos. Respiré aliviada. Parece que con el tiempo el himen se me había entrecerrado, salvándome la campana como se dice.

No obstante, el embuste no me valió de mucho, él empezó a fallarme, me quedaba horas esperándolo, nerviosa me asomaba en la puerta de mi casa a ver si aparecía pero de eso nada, El Supersanto no se dejaba ver ni por los centros espirituales.

Estaba muy deprimida, mi casa parecía un almacén de botellas vacías de Ronda y Guayabitas del Pinar que era la bebida de moda para los borrachos de aquellos tiempos, próximos a los años noventas. El ambiente saturado de gente y de alcohol me causaba una sensación de soledad y mucho desasosiego. Una tarde de sábado mí mamá, borracha como una cuba, dándose el toque final, había caído en la cama. ¡Menos mal! Ya que cuando tomaba lo primero que perdía no era el razonamiento sino el equilibrio por

"Las mil y una ping..."

lo que se golpeaba constantemente y yo debía cuidarla hasta que ella se acostara. Entonces me decidí ir a buscar a El Supersanto.

Me escondí tras un pequeño muro que antecedía al portal de su casa tan pronto escuché la bulla de unos chiquillos que corrían detrás de una niña como de ocho años, gritándole "Bruja del Norte". Ya había cerrado la noche por lo que no pude distinguir bien las caras pero no me hizo falta para saber que insultaban a mi prima Melena. Le decían ese nombrete en abierta alusión a una versión libre del Mago de OZ que pasaban por esos días en la Televisión. Cuando se alejaron un poco asomé la cabeza y sólo alcancé a ver su cabello parado y despeinado que quedó ligeramente atrás por unas centésimas de segundos, aun cuando ya había doblado la esquina.

No quería que nadie me viera en esa penosa situación. Una vez en la puerta me detuve angustiada ante lo que estaba a punto de hacer. La luz amarillenta y tenue que iluminaba el portalito forrado en lozas de mármol me puso al descubierto, cuando ya me disponía a regresar.

- Mayiye- me llamó su mamá.

No me dio tiempo a voltearme, la melodiosa voz de la madre de El Supersanto salía desde una ventana llamándome, sin siquiera sospechar que ese no era mi verdadero nombre pero todo el mundo me llamaba así, gracias a mi familia paterna que era un molote de negros y mulatos brujos que aseguraban que yo había nacido el día de Ochún, una Orisha de la religión Yoruba, dueña de la feminidad, del amor y del rio, y no sé de cuántas cosas más. En el Palo Mayombe le decían... No recuerdo bien, el caso es que me bautizaron desde que no tenía uso de razón como Mayiye y desde la cuna me cantaban algo así como:

"Las mil y una ping..."

♪ Mayiye en palo te llevan pa' la loma, te llevan pa' la loma te llevan pa' la loma'♪

¡Mi familia paterna es otro cuarto que se alquila! Por lo que ya tienen su turno reservado en esta historia.

No tuve más remedio que llevar a cabo mi insensato plan a base de interrogatorios y súplicas. En el recibidor esperaba por él con las manos sudadas y temblorosas. La casita que me resultaba tan acogedora, donde imaginé que un día iba a vivir, ahora me parecía un cementerio de sueños. Me dolía todo en derredor, la silla de caoba estilo antiguo en el que permanecía sentada, las fotos de familia que colgaban de la blanca pared donde sonreían repetidas veces El Supersanto y su hermano cuando eran niños...

Por fin apareció y espigándose frente a mí me obligó con su silencio e inacción a que me pusiera de pie.

De mis veinticinco mil preguntas obtuve muy pocas respuestas, y aunque sus palabras no eran firmes me dejó claro que él ya no quería seguir con esta relación. Nunca me dijo el por qué a pesar de mi insistencia.

Le rogué que lo pensara y no dudé en repetirle cuanto lo necesitaba, le expliqué que no podía hacerme eso, que no me imaginaba la vida sin él, pero en nada calmaba mi romántica desesperación. Puso fin a mi soliloquio comenzando el suyo, con una interminable lista de recetas con la que, según él, iba a curarse mi mal de amores.

Salí de su casa envuelta en lágrimas, convencida de que no me quedaba más nada que hacer. Ni siquiera le importó que ya fuera tarde y no me acompañó ni a la parada de guaguas. No sabía para donde coger, quería hablar con alguien a fin de desahogar tanta amargura. Regresé loma abajo

"Las mil y una ping..."

en dirección a la casa de Mima; hablar con La Cucaracha me iba a hacer mucho bien.

Me di cuenta, al tropezar con El Zancudo en la acera, a unos pasos de la entrada, que las casualidades no estaban escritas y que podían repetirse una y otra vez. Cabía por el contrario la posibilidad de que ese encuentro no fuera tan accidental, ya que El Zancudo se pasaba la vida metido en casa de mi familia, precisamente, por su contemporaneidad con algunos de mis primos y además porque Escupía, su madre, era como sobrina postiza de mi abuela, a raíz de un mejunje entre ambas familias relacionado con lazos maritales del pasado. Sin contar que El Zancudo veía en mi tío el Negro, la figura paterna que nunca tuvo, ya que su padre sólo colaboró con la semilla para engendrarlo durante las visitas que Escupía le hacía a la cárcel, donde se conocieron no sé por qué motivo.

- ¿Qué te pasa? me interrogó al verme en un llantén, cual si me hubieran entrado a palos.

Me cubrí la cara con las manos y seguí llorando mientras él me repitió la pregunta. Por un momento estuve a punto de vomitarle todo, lo cual hubiera sido cometer otro error que taladrara más la herida que El Supersanto había abierto en mi amor propio. De todas maneras no fue difícil para él olerse la rotura de mi noviazgo.

- Un clavo saca a otro- me propuso.

Ya no sé qué pasó aquella noche pero caí en las garras de El Zancudo otra vez. Me convenció hasta que acabé en el mismo pasillo donde probé su primer beso. Solamente que ahora nos acostábamos de nuevo, y de nuevo las caricias, el cosquilleo, la picazón, y el dolor, sobretodo eso, el dolor, en ese instante salpicado por un inmenso miedo a ser descubiertos. Y en efecto

"Las mil y una ping..."

la cortina de la ventana que daba al pasillo se descorrió; desde ella nos observaba Matilde.

Me quedé aquella noche a dormir con La Cucaracha aprovechando para contarle las cosas. A la mañana siguiente ya todo el mundo lo sabía ¡Matilde había pasado la cinta!

Mima me envió para mi casa haciendo un alarde de moral. Cuando salí avergonzada y rogándole que no le dijera nada al Willy me encontré con mi tío La Rata, que les aclaraba a los muchachones que molestaban a mi pequeña y colegiala prima Melena, que ella no era la bruja del Norte, sino la del Sur, entretanto terminaba un trabajo dominical que consistía en clavar un gran cartel en el que él mismo pintorreteó entre corazones:

Mayiye y El Sacarosa

Mayiye y El Zancudo

Mayiye y Cojímar.

Lo miré rabiosa y proseguí, tras de mi salió El Negro dispuesto a poner fin a las burlas de La Rata para con sus sobrinas.

Apuré el paso, desapareciendo por la primera esquina y no recuerdo nada más de Cojímar, había doblado las primeras páginas de mi historia y no las hubiera hojeado nunca más si no hubiera sido por la reaparición de El Supersanto esa tarde.

"Las mil y una ping…"

Capítulo 2

Papillón.

Si Scheherezada hubiera conocido a Papillón quizás lo hubiera incluido entre los miles de relatos al sultán. No sé si esto fue un capítulo de amor o desamor. Lo cierto es que todo comenzó en el cementerio cuando leía un epitafio.

"Aquiste caminante que hoy te paras sobre mí y te ríes de mi triste condición… ¿Es qué acaso no sabes que habrás de terminar como yo?"

Estaba escrito en una antigua tumba del cementerio viejo. Ya tenía diecinueve años. Por aquel tiempo me dio por recorrer los panteones en una morbosa obsesión relacionada con la muerte. Indagaba en las fechas y nombres de cuantas lápidas encontraba en mi tenebroso andar. Dalila, mi amiga de la infancia una vez me acompañó, se paseaba indiferente sin reparar en las placas que brillaban por el sol radiante, diciéndome que allí

"Las mil y una ping..."

sólo dormía la gente esperando el día en que Jehová los levantara y les devolviera la vida, cuando la tierra fuera convertida en un paraíso.

- Así pensamos los Testigos de Jehová - me dijo, indicándome un montón de cosas que debía hacer para cuando me llegara el día, no morirme eternamente.

La ignoraba, aunque ella continuaba con su aspecto recatado dándome una gran charla. Sus espejuelos como lupas le resaltaban el carmelita de los ojos inquietos y vivarachos, adornados de espesas pestañas que le concedían una mirada lista. La nariz recta y elegante precedía los labios finísimos los cuales articulaba con graciosas muecas al hablar, mostrando los dientes chapados por el acero inoxidable de los aparatos odontológicos que intentaban alineárselos. Una trenza apretada se alargaba interminable por la nuca, como una soga hecha de delgados hilos color caramelo. De su cuerpo estrecho las manos y los pies parecían suspenderse. Mientras que por debajo de la piel lechosa, casi tranparente, se mostraban unas venitas azules e indiscretas.

La realidad para mí era que la tierra bajo mis pies se mezclaba sin remedio con el polvo de los que dormían para siempre, sin aliento, sin amor ni odio, allí ya nadie reía ni sufría más, sólo quedaba la ausencia.

Una tarde hablé con Simbad el Marino sobre mi extravagante psicosis, él me prestó como siempre muchísima atención. Le conté lo de mis paseos por entre las lápidas, le comenté sobre el epitafio que me aprendí de memoria, y que para asombro mío él ya conocía. Me agregó más sobre este. El mismo hombre había preparado el mensaje para su tumba. Se trataba de un marinero portugués que murió en la Habana por los años 1600, a causa de una epidemia de Peste, su última voluntad fue ser enterrado en el caminito que conducía a la ermita para que todos los que entraran tuvieran que

"Las mil y una ping..."

pasar sobre él. Su sabiduría me admiraba abrumadoramente. Había crecido volcándole todas mis inquietudes, incluso conocía al detalle mi dilema con mis padres. Apreciaba mucho a mi papá y me decía que aunque El Willy fungía como el cabeza de familia, mi mamá que era el corazón no andaba bien y que sin este órgano nada funciona; que no podía cambiar las cosas y que tenía que armarme de una coraza para enfrentar las batallas de la vida. Él siempre encontraba la palabra exacta, que nadie conocía, para calmar mi pena. Entonces me animó a volver a las Tablas y a no martirizarme más con el tema sobre la vida y la muerte. Me comentó que debía aceptar que éramos en este mundo como un jabón que se gasta con las lavadas del tiempo, y me exhortó a que agradeciera cada mañana por la oportunidad de poder respirar.

Simbad el Marino tendría unos treinta años, vivía en el barrio hacía diez, desde que se había casado con María, que dicho sea de paso le doblaba la edad. Se había graduado de la Academia Naval convirtiéndose en marino mercante por lo que viajaba a muchos países. A su regreso siempre me contaba historias cautivadoras, cual si fuera el mismísimo Simbad de las mil y una Noches.

Su piel oscura y brillante parecía de ébano, los ojos negros de mirada profunda revestidos por almendrados párpados, su pelo como el azabache se adueñaba en rizos rebeldes de su cara peculiar, se asemejaba a un auténtico moro.

Empujada entonces por su consejo volví al Teatro. Las artes escénicas eran el remedio santo que aliviaba todos mis males.

Al principio, cuando era aprendiz, hacía sólo papeles secundarios en obras juveniles por lo que no contaba con mucha experiencia cuando me tocó actuar con Aiquile. Las lecturas de mesa, los ensayos, y las tácticas que me

"Las mil y una ping..."

enseñaba para aprender de memoria los textos hicieron que no tardara en germinar una gran simpatía. Me sentía orgullosa de su amistad, Aiquile era un gran actor, ya lo había visto destacarse en una serie televisiva. Sin embargo en él no había nada del otro mundo, era un castañito sencillo de mirada dulce y rostro afable. Siempre que pronunciaba mi nombre me impresionaba, palpitaba por dentro en una rara emoción, el sólo acento de su voz hablándome me hacía, inexplicablemente, sentirme más mujer.

En esa ocasión habíamos trabajado toda la mañana, y por el mediodía fui con él al apartamento que un viejo ensayista le había dejado al irse para México. La verdad es que nunca supe cuál era el parentesco como para cederle semejante herencia, en cualquier modo el piso, aunque no tenía ni un trasto, era para la situación difícil con la vivienda, un regalo digno de apreciar.

Por fin dentro, esperé que hiciéramos algo de comer, tal vez unos huevos o cualquier cosa que nos sostuviera para poder enfrentar el ensayo de la tarde. Pero de eso nada, Aiquile ni miró para la cocina, se acercó a mí inmoderadamente recorriéndome con los ojos encendidos. Me desabotonó la camisa de mangas largas que resumía en un nudo sobre mi ombligo. Estaba desaforado comenzó a besarme todo el cuerpo desnudo de las caderas para arriba, la frente, las mejillas, los labios, la nariz, el cuello, el pecho, la espalda, acariciándome de tal modo como si no quisiera desperdiciar ni un fragmento del mejunje de mis rasgos morenos, resultado como de tres continentes, ni mi piel untada por la mezcla de un sinfín de colores, negro, blanco, amarillo, rojo..., y que se yo. Así estuvo largo rato hasta que se decidió a bajarme la saya-short sin olvidar el blúmer. Ya me tenía completamente desnuda sin embargo no se quitaba la ropa, ni intentó tumbarme al piso. Seguía desquiciado manoseándome, estaba casi ciego de

"Las mil y una ping..."

la excitación. Detrás de la tela de mezclilla sobre la ingle se le levantaba una hinchazón, finalmente se desabrochó la portañuela para no explotar.

-¡Mira como me la pusiste! Exclamó y no mentía, tenía aquello tan firme y erecto, que parecía que toda la sangre de su cuerpo se acumulaba ahí.

La sentí muy dura rozándome las nalgas, los muslos, la pelvis. Me frotó por todas partes hasta que percibí que la dureza se iba suavizando justo en mi cintura, volteé la cabeza para mirar la esperma que como borbotones de leche acuosa continuaba vaciando sobre mí.

Hirviendo de deseos e insatisfacción me vestí sin decir una palabra, él en cambio me dio la espalda para tomar agua, y luego suspiró realizado, como si hubiera llegado a la meta de su extraño delirio.

Estaba tan molesta que ni hice el intento por despedirme. Tras el portazo casi me caigo por las escaleras de estrechos peldaños, quería alcanzar la calle lo más pronto posible.

Por supuesto que no asistí al ensayo de la tarde. Ya por la acera de la avenida, caminaba despacio, sin reparar en nada, todo lo veía envuelto en una bruma de desilusión.

- "Esto nada más te pasa a ti" - me reprochaba mi otra Yo. "Es lo más raro y enfermizo que me ha sucedido en la vida".

Le hice el cuento a Simbad el Marino con lujo de detalles y noté un destello de lujuria en sus ojos.

Me tranquilizó diciéndome que no lo tomara tan apecho, que esas cosas solían suceder.

"Las mil y una ping..."

- El simplemente te adoró- dijo tratando de transmitirme seguridad aunque su voz temblaba.

Antes de regresar al Teatro ya había vuelto a rodar cuesta abajo hasta el fondo de otro error dejándome conquistar por un desconocido con quien terminé jugando a hacer el amor en una posada de mala muerte. No me quiero acordar de los detalles, pero debo admitir que fue la primera vez que me lancé a lo desconocido, experimentando un extraño placer al irme con alguien del que no tenía ni remota idea de quién pudiera ser y cómo podría tratarme en la intimidad. Algo yo estaba buscando, pero no sabía qué.

De la parada de la guagua me llevó a un asqueroso motel aledaño a la calle San Lázaro, en menos de una hora de habernos conocido me vi encerrada con él en la empercudida habitación.

Observé el proceso de su erección una vez que nos hubimos desnudado, entre apretones y besos, todavía me suena, como lo hiciera, muy cerca de mi oído, su impúdica petición:

- Chúpamela, anda, que me has puesto como loco.

Yo estaba en una cama sentada con los pies recogidos, y el parado frente a mí.

- ¿No te gusta hacerlo?- preguntó.

- Nunca lo he hecho...- respondí inconclusa.

No puedo negar que me resultó imponente, la tenía larga, gorda y bien erecta.

"Las mil y una ping..."

- Pruébala-me incitó tomándola con una mano y llevándomela ligeramente a las labios entreabiertos-por la primera vez se empieza.

Al fin me la empujó hasta el cielo de la boca. Yo la tomé con una mano para acomodármela y al mismo tiempo aguantándola suavemente comencé a pasarle la lengua como si fuera un helado de barquillo y luego me atreví a succionarla. Todo lo hacía como por instinto. Él me apartaba con las manos el cabello que imprudentemente insistía en caer sobre lo que estaba ocurriendo, estorbándole el excitante panorama.

El rubio movía su cintura desenfrenadamente hacia delante y hacia atrás, atrayéndome con sus manos por la cabeza. Mientras más dura se le ponía más yo me entusiasmaba chupándosela, sintiendo en mi boca los latidos de la sangre que le colmaba el miembro erecto, estaba presa de una emocionante libidinosidad. Al poco rato percibí unos espasmos y empezó a salírsele un poco de secreción dulce, entonces me la quitó de prisa sentándome de espalda encima de él, me la metió hasta lo último inyectándome profundamente su semen.

De aquel absurdo disparate sólo me quedó el escarmiento. Ni siquiera me dio su verdadero nombre. Hoy lo que me viene a la mente es la figura amarillenta de un joven cuyo rostro se fue borrando con el tiempo.

Sin embargo si continúo esta historia sin mencionar a Richard, estaría omitiendo un trozo muy singular. Era un morenito común, de pelo acaracolado y corto que le formaba pequeñas hondas sobre el cráneo. La nariz y los labios gruesos armonizaban perfectamente con su mandíbula algo cuadrada y contraída, su cuello fuerte compaginaba con el pecho y la musculatura de sus brazos y piernas. No era alto ni bajito. Lo vi varias veces antes de salir con él y su presencia me resultaba magnetizante. Diría que

"Las mil y una ping..."

Richard, a primera vista contaba con un rostro tan carismático como el del actor de Hollywood Willy Smith. Por lo que nunca entendí por qué tuvo que acabar así, lo cual me resultó más ilógico que el manoseo que Aiquile me formara en su apartamento.

Salí con él gracias a El Padrino, otro de mis primos (hermano de La Cucaracha) que se exilió en mi casa huyéndole a las responsabilidades de la vida que le exigía mi tío El Negro allá en Cojímar: El Padrino no sólo le hacía rechazo al estudio sino también al trabajo, como una alergia que padecía, y este mal era el común denominador de la mayoría de mis tíos y primos. Después de algún tiempo en casa y ante la inminente deportación que le preparaba el Willy, a El Padrino no le quedó más remedio que tratar de conquistar a Bárbara, una parienta de Dalila. Nunca supe si hubo algo más que le atrajo de ella pero estaba segura que lo principal había sido su aptitud ante el trabajo y su disposición para mantenerlo a él.

Me pidió de favor que fuera en pareja con Richard y por tanto el iría con Mamut Quinto (así le llamaba a bárbara, sin que ella lo supiera) para crear un ambiente propicio que le permitiera darle una buena impresión. De esta manera lo hicimos. Habíamos escogido la playa de Guanabo, y como mismo acordamos, dejamos al Padrino y a Mamut bajo una sombrillita playera justo a la caída el sol. Richard y yo nos alejamos por ahí. Ya la playa era una boca de lobo no obstante continuábamos caminando y conversando. No recuerdo exactamente las palabras pero me hablaba de la probabilidad de que surgiera algo entre nosotros. Yo sólo sonreía y trataba de evadirlo, ya que necesitaba tiempo para saber si realmente quería algo más que una amistad. De pronto, frente a una roca costera Richard me dio un tremendo empujón sin precedentes, caí al suelo y me golpeé la cabeza con una piedra semienterrada en la arena. Aturdida quise levantarme pero ya era tarde, Richard se tiró encima de mí quitándome con fuerza las ropas. No me pude

"Las mil y una ping..."

ni mover de la llave que me hizo, mientras besaba mis labios apretados. Yo movía la cabeza hacia ambos lados tratando de evitar sus besos, que tal vez minutos antes me hubieran gustado pero ahora me resultaban repulsivos. Recuerdo que llegué a morderle la bemba con tanta fuerza que hasta le saque sangre, pero eso lo estimuló mucho más, tanto que, me cayó a pingasos, como se dice vulgarmente, metiéndomela y sacándomela, sin la más mínima piedad, yo estaba reseca, ni siquiera un poco de secreción en mi vagina por lo que el dolor fue indescriptible. Por suerte acabó pronto y se escapó reacomodándose la ropa de prisa. Yo apenas podía ni pararme, otra vez la sangre y el semen.

Me violó sin remedio, por puro gusto, sin razón alguna, para luego huir irreversiblemente, ya que no lo volví a ver, ni lo mencioné nunca más, hasta el sol de hoy. A El Padrino le salió todo a pedir de boca, se casó con Mamut quinto, y fue mantenido para siempre, sin sospechar jamás lo caro que me costó el favorcito de ayudarlo a crear su ambiente propicio. ☹

Lourdes Ernesto fue un buen guionista y director, habló con su madre, que era la asesora de la obra para que me justificara los días. Ella no sólo lo hizo así, sino que me promocionó en algunos programas de Radio donde pude hablar acerca de mi trabajo.

Nunca he podido olvidar a mi amigo, era como mi ángel guardián en ese medio tan difícil. Lo traigo nuevamente sentado frente a mí en el Lobby del estudio, agarrándome suavemente las manos, su rostro casi de mujer transpiraba dulzura, todo en él era delicadeza. Hablábamos de muchos temas, sobre todo de arte, discutíamos sobre las técnicas de Stanislavky, compartíamos los conocimientos de personalidades como Chaplin, y cuando nos daba por la poesía nunca faltó la presencia de Musa, una vieja actriz que había sido novia del gran poeta José Ángel Buesa. Entre Lourdes Ernesto y

"Las mil y una ping..."

yo las conversaciones eran fluidas, nos tratábamos con sinceridad, creo que no nos faltó ningún tema de la vida por tocar.

Cuando conversábamos de sexo, no me criticaba por mis irresponsabilidades, aun sabiendo que no estaba en lo correcto, y que ese no era el camino hacia la felicidad, simplemente me recalcaba la importancia del condón. Me ayudó a enfrentar el suceso de Aiquile, aprendiendo a verlo como un compañero de escena que padecía una penosa y grave enfermedad mental. También fue un psicólogo luchando conmigo a brazo partido para descubrir mis indescifrables traumas. Únicamente Lourdes Ernesto y yo no andábamos juntos cuando se buscaba algún compromiso, por su puesto de su mismo sexo con los que mantenía apasionados y cortos romances, siempre se quedaba al comienzo de una nueva relación, hasta se le veía en compañía, a veces, de varios de sus semejantes. Mostrándome con esto su terrible promiscuidad.

Un día Aiquile fue sustituido definitivamente por otro actor, para confusión de todos. Gracias a Lourdes Ernesto supe el verdadero motivo. Había intentado violar a un niño de diez años, que era el hijo de la custodio de la puerta, poniéndole el pretexto de que lo iba a llevar a su apartamento para enseñarle algunas pelotas de beisbol. El muchacho le contó todo a su madre y se formó tremendo lío. Después de eso Aiquile se desapareció y aún hoy no sé si llegó a responder por eso ante las autoridades.

Las cosas por el Teatro marcharon de maravillas durante mucho tiempo. Me concentraba en hacerlo todo bien y aprender más, casi vivía en la escenario. No me importaba nada fuera del entorno, todavía menos las relaciones románticas, quería enmendar mis errores y esperar por algo que valiera la pena. Lourdes Ernesto dejó de asistir, según la madre estaba enfermo, pero no era nada serio. Solamente necesitaba descansar.

"Las mil y una ping..."

Una mañana llegué al estudio y vi a Musa muy triste, con un vestido negro, fuera de moda.

- Ya todos están Calzada y K.

Me hablaba de la funeraria pero yo no entendía.

- ¿Y qué hacen allá?- le pregunté asustada
- ¿No sabes lo de Lourdes Ernesto?

Hubiera querido que no me lo dijera. Casi me tapo los oídos cuando me notificó su muerte. Había empeorado el fin de semana a causa de la complicación de una gripe, pues su sistema inmunológico estaba muy debilitado. Ignoraba que era portador de VIH y que el SIDA lo estaba matando.

Me quedé pasmada, nunca me confesó nada de eso. Tal vez temía que lo rechazara y perder mi amistad.

Con los meses, se me fue apaciguando el dolor de la horrible pérdida y al mismo tiempo haciéndoseme más notable la ausencia de mi amigo y defensor. Ya Justo Palomón, el sustituto de Lourdes Ernesto, me había bajado de las Tablas, orillándome a los bancos donde también se sentaban principiantes y aprendices. La madre de Lourdes Ernesto, en honor a la amistad que hubo entre nosotros, me había conseguido un contrato, para que pudiera al menos escribir algunos guiones, incluso para la Radio.

Si por aquellos tiempos hubiera tenido la oportunidad de vislumbrar el futuro no habría pasado tanto trabajo. Hacía mis escritos a mano para pasarlos luego a máquina pidiendo favores por aquí y por allá, sin la más

"Las mil y una ping..."

mínima sospecha de que hoy iba a tener entre mis manos una sencilla Laptop.

A Nemo lo conocí en esa misma época, su tía, la doctora, hacía las compras en el mercado donde trabajaba mi mamá. Un día fui para que ella me inyectara y allí estaba él sentado en una banqueta con un short de mezclilla y un par de chancletas plásticas "Metedeos" trabajando con unas herramientas de pulido un diente de tiburón. Su pecho desnudo estaba adornado por un grueso collar de corales, unos mechones de pelo dorado le tapaban el cuello y se extendían sobre los hombros asados por el sol. Esta vez las cosas fueron diferentes. Me tomé todo el tiempo del mundo para explorar el terreno. Íbamos mucho a la playa en bicicleta donde conversábamos hasta el cansancio. Yo parecía una periodista realizando un "cuéntame tu vida". Entonces supe que desde que terminó el pre-universitario se dedicaba a estudiar biología marina, y que además trabajaba como buzo en los arrecifes de la Coloma, en Pinar del Río de donde traía todos esos productos sacados del mar con los que fabricaba prendas para vender.

No llegaba a los veintiún años y ya era muy independiente, me gustaba su filosofía de vida y la importancia que le daba en nuestras charlas al matrimonio y la familia. No obstante seguí esperando presa de un obstinado miedo a tropezar de nuevo con la misma piedra, como dice la vieja canción de Julio Iglesias.

La Albina otra de mis amigas del barrio me insistía en que no lo pensara más.

- El que no se arriesga no triunfa- citó. Que le diera una oportunidad a él y que me la diera a mí misma, que solamente debía pensar positivo y pedirle a Ochún.

"Las mil y una ping…"

Dalila me dijo al respecto que las escrituras lo decían bien claro, "Mi reino no es de este mundo" por lo que todo debía encomendárselo a Jehová.

Uno de esos días aunque no quedamos en vernos, nos encontramos de casualidad en el Correo, ya había aflojado un tremendo aguacero que lo dejó todo empapado, y entonces las finas goticas suspendidas en el aire que se descomponían con la luz del sol formaban un precioso arcoíris, como la más linda escena de una novela romántica. Yo lo descubrí primero, cuando se disponía a salir de abajo del alero que lo había guarecido, tenía una capa de nylon trasparente detrás de la cual mantenía seca la camisa de rayas y el pantalón negro. Me acerqué rápido y levanté ligeramente la cabeza para alcanzar su rostro, ya que Nemo era tan largo, como una vara de pescar.

Nos sentamos en el Parque de la Parroquia sin importarnos los bancos mojados, ni las gotas gordas que todavía caían de los árboles, ni los gorriones cantando, ni los niños chapoteando descalzos en los charcos, ni el retorno de todo a la vida ordinaria en cuanto escampó. Él me comentó que era la primera vez en su vida que sentía algo así, como un nudo de alegría en el pecho. Me aseguró que yo era muy importante para él, agregó muchas cosas lindas que me endulzaron el alma, y por último me pidió que le diera la oportunidad de ser el hombre de mi vida.

Sellamos nuestro compromiso con un corazón de coral colgado de una fina cadena de plata que Nemo puso en mi cuello como una promesa o como un símbolo que representara nuestra relación. Estaba reuniendo para comprar los anillos de compromiso y para preparar todo a ver si en un año a más tardar podíamos casarnos.

No nos separábamos casi nunca, hasta cuando trabajaba en su pequeño taller yo estaba allí junto a él, como si hubiéramos nacido el uno para el otro, si se iba para la Coloma lo extrañaba mucho. Todo su tiempo libre lo

"Las mil y una ping..."

gastaba en mi casa viviendo mi vida para bien y para mal, pues muchas veces le tocó ser el bastón de mi mamá cuando resbalaba con alguna cáscara de alcohol. El Willy estaba muy contento con él, siempre que venía del interior, quería verlo.

Nemo y yo tuvimos historia ¡y una leyenda! que marcó mi barrio para siempre: Nuestro celebre Pito, un pollito que adoptamos, al que mi papá en lugar de agua le ponía ron. El pollo se convirtió en un asqueroso borracho, que atraía la curiosidad de muchos turistas (la gente del vecindario) que venían a ver lo nunca visto. Pito fue nuestra buena mascota, borracho hasta la muerte, que aconteció cuando fue un gallo hecho y derecho al caer de un árbol mientras se acomodaba para dormir.

Nemo me compró una Underwood (7) y en ella hacía mis escritos que luego él mismo me acompañaba a entregar a la Radio y al Teatro.

En las noches romanceábamos escuchando canciones de Luis Miguel y de Chayanne, así nos poníamos a planificar el futuro del cual nos sentíamos dueños. La Albina venía a cada rato a compartir con nosotros y no me ocultaba que sentía envidia, aunque siempre aclaraba que era de la buena.

Dalila también aparecía intermitentemente, dejando como siempre todo en manos de Jehová, sólo que esta vez su problema era bien serio ya que estaba embarazada de Juancito, un mujeriego de la otra calle y no sabía cómo lo iba a resolver. Aun así no se limitaba mostrar las revistas con idénticas imágenes donde familias felices coexistían con fieras entre flores y frutas, ni de explicarle a la gente lo que debía hacer si querían, como en la foto del paisaje, vivir en ese paraíso.

La primera vez que me acosté con Nemo fue en una fría tarde de diciembre, aprovechando al máximo la ausencia de su tía. Allá en el

"Las mil y una ping..."

acogedor apartamento del reparto Antonio Guiteras. Me gustaba la decoración sencilla de muebles fabricados a puro mimbre. Todavía reaparece en mi memoria la inmensa maqueta de un velero que adornaba el centro de mesa, robándose toda la atención tan pronto entrabas, nunca vi nada igual, él mismo lo construyó a base de piezas acuáticas ; Había además un timón de barco bien barnizado brillando en la pared blanquísima, a base de lechada [8]. Las cortinas eran de bambú y así también los marcos de los portarretratos. De manera que la casita resultaba como un ensayo de modernismo, donde parecía que estaba todo lo que se necesitaba en materia de comodidad, pero realmente no había nada más que rústicos pedazos de la naturaleza bien colocados que le daban un aspecto único.

Aquel día me di cuenta que ninguno de los que conocí tuvo la menor idea de lo que significaba amar, comprendí que el sexo y la prisa no van de la mano en el camino hacia el verdadero placer.

Me extendí de bruces sobre una cama ancha, sin respaldo, perfectamente tendida, abandonando en el piso de granito, mi vestido floreado de corte A, emburujado junto con mi ropa interior. Nemo, sentado en el borde, seguía con ropa, me recorría con la yema de sus dedos tibios, se inclinaba para besarme la espalda, suavemente, sin apuro, como si todos los relojes se hubieran detenido en el tiempo. Lentamente me volteó boca arriba, para ese momento ya no tenía la camisa y estaba recostado al lado mío sobre su mano izquierda y con la derecha me rozaba los pezones. Luego me dio un beso largo y apasionado, casi se comió mis labios, sentí mucha ternura y también deseos. Cuando nos despegamos me miró con una profundidad que me tocó el alma, pasé mi índice por su pelo y su barbilla, sonreí pero él estaba serio, continuó besándome, ahora en el cuello, descendiendo con lentitud por todo el cuerpo hasta que llegó con su boca

"Las mil y una ping..."

donde nadie antes, cuando sentí el contacto delicado en el clítoris me estremecí de gusto. Me lamió y yo no podía evitar menear la cintura despacio e involuntariamente, luego experimenté la succión que me hizo enloquecer, ahí si traté de levantar la cabeza para ver qué me hacía gozar tanto mientras le acariciaba el contorno de la boca y buscaba con mis dedos su lengua, intenté con pequeños empujoncitos hundirlo más contra mí halándole ligeramente el pelo, aunque él se despegaba para mirar y tocar por momentos mis bembos hinchados y empapados de una secreción babosa. El gozo se hacía más y más grande como si no encontrara el límite, el corazón me latía fuerte, queriéndoseme salir del pecho y no me importaba nada que no fuera sentir esa exquisita e incomparable sensación. Jadeaba desesperada y me quejaba de placer hasta que me empezaron unos temblores extraños que terminaron en una hipersensibilidad. No quise más. Se sentó ya desnudo, nuevamente en el borde y me hundió encima de él, metiéndomela y sacándomela con facilidad, gracias a tanta lubricación. La hipersensibilidad comenzó a convertirse en una cosquilla que me acariciaba las caderas dándome la impresión animal de una hembra que el macho está poseyendo. Así vi de una vez por todas que de adentro de mi se devolvía el semen pero esta vez sin sangre.

Ni siquiera por el entusiasmo de mi relación con Nemo, mermaron mis inquietudes artísticas, al contrario cobraron más fuerzas. No imaginaba que Papillón algún día iba a cruzarse en mi camino. Intenté de nuevo entrar en la Escuela Nacional de Artes, pero no había matrículas. Al menos para la gente como yo, ya que los que ingresaban casi siempre eran los hijos de grandes actores y dramaturgos o de gente muy bien calzada. Algo así pasaba con el Instituto Superior de Arte, donde te pedían que vencieras las doce pruebas de Hércules. En mi caso no reunía los requisitos, según los encargados, ni para pasar la de ingreso. Era más difícil entrar en esas escuelas, que en la Facultad de Medicina. Entonces, asesorada por mis amigos del medio me

"Las mil y una ping..."

afilié a un plan llamado "Matricula 12 A" donde acumulaba mis trabajos como aficionada, en grabaciones ya fueran visuales o auditivas, por varios años y luego podría solicitar una evaluación al Director del Consejo Nacional de las Artes Escénicas. Sólo él diría si yo estaba apta no sólo para trabajar como profesional, sino para recibir un salario en dependencia del nivel que se me otorgara.

Había entrado en la Radio a través de la madre de mi amigo, para mi aquello resultaba un universo fantástico cuyas veredas me conducirían por el camino correcto para alcanzar mis triunfos. Hasta podría llegar a ser la gran voz que condujera programas estelares, y por qué no, dar a conocer mis mejores escritos. Aun me parece tener colgado en mi cuello todavía el pase mostrándoselo a los custodios. Me veo, atrás en el tiempo, entrando por la puerta de cristal, avanzando firme por el suelo brilloso hasta el primer estudio, donde se grababan los programas más importantes. Luego subiendo por una discreta escalera hasta el tercer piso donde se encontraban los demás estudios. Incluso escucho aquel comprometido silencio que pretendía no interrumpir las grabaciones. Y yo caminando en punticas, como para ahogar mis pasos, cual criminal en la escena del crimen de uno de los policíacos de Agatha Christie. Llega a mi nariz el olor peculiar de los equipos específicos, de micrófonos y audífonos. Me parece estar sentada de nuevo en el lobby, rodeada de viejas actrices que como arañas tejedoras esperaban su turno para entrar a interpretar su papel, casi siempre de muchachitas. La más Joven era la Lorenzo que casi llegaba a los cincuenta sin embargo contaba con una belleza especial, que no por sencilla era menos interesante. La piel de ligero color bronce conservada, las facciones bonitas, un poco delgada, con el pelo cobrizo muy bien peinado. La Lorenzo era mi patrón a seguir, mi paradigma.

"Las mil y una ping..."

- No muevas demasiado las manos para hablar y articula bien las palabras- Así me aconsejaba en su afán de ayudarme a ser como ella, mientras su voz melodiosa sonaba como una suave música en el ambiente.

- ¿En qué andas Mayiye?- así me saludaba El Grato, el escritor.

Después se sentaba a mi lado poniéndose a leer con sus perennes espejuelos, sin hacer caso de las miradas de Justo Palomón que lo seguían desde dondequiera, contemplándole la figura esbelta.

El Grato era un elegante trigueño que llamaba la atención de cualquiera incluyendo la de Palomón que andaba enamorado de él de un modo tan profundo y complicado que parecía el subdrama de una telenovela brasileña. Sin embargo mi amigo escritor no era gay, y lejos de importarle el guión que se construía Justo, lo ignoraba. Entre nosotros desde el principio hubo una espontánea química que jamás se prolongó hacia otro sentimiento que no fueran aprecio y cariño mutuo lo cual Justo nunca comprendió; su rechazo hacia mí fue dañino e irreversible.

Justo, además de tener el control de las Tablas, aquí en la Radio tenía una influencia insuperable y para colmo de males era el asesor de uno de los programas que yo solía escribir.

- No vamos a usar este guión- me dijo devolviéndome el manuscrito.

Su amanerado acento no acoplaba en nada con su físico ya que era un mulato fuerte con un rostro visiblemente de varón.

"Las mil y una ping..."

- No traigas más ninguno por ahora- me aclaró arqueando una de sus anchas cejas- Ni tampoco te vamos a necesitar por estos días.

Justo Palomón se me encarnó de tal manera que hasta me bloqueó el permiso de entrada. El Grato atónito no sabía qué hacer para ayudarme; él dependía de Justo, así que ponerse abiertamente a mi favor hubiera sido ir en contra de su salario, pues como escritor al menos podía llevar los frijoles a su familia.

Una noche contaba las estrellas, obstinada por el comportamiento de Justo y la ausencia de Nemo, que llevaba más de una semana en la Coloma. Decidí irme un rato a casa de La Albina, a pesar de que por la tarde estuvimos conversando un poco de boberías, cosas así como que La Cucaracha tenía un biotipo totalmente diferente al mío aunque por las venas corriera la misma sangre, que hasta ella contaba con más aire familiar a mí.

Lo cierto era que La Albina no se parecía a nadie. se pasaba la vida dándose tintes oscuros para disimular el verdadero color de su pelo rubio indomable, que le brotaba de la cabeza como paja seca, y que en nada contrastaba con el tono ambarino de su piel, los ojos de un amarillo claro casi destellante, le imponían una mirada gatuna. Blondas también sus pestanas y cejas. A diferencia de mí ella estaba envuelta en carnes, aun así tenía marcadas curvas femeninas. Desde niña siempre fue avispada y resultaba ser líder, gracias a su poder de convencimiento, que no había variado en nada.

Vivía en medio de un conjunto de casitas que parecían palomares. La de ella se alzaba sobre otra y para llegar había que escalar una peligrosa escalera externa, de cemento y sin baranda, por la que subí aquella noche.

"Las mil y una ping..."

Samurái, el padre de La Albina era un mulato medio tiempo y corpulento, que en ese momento conversaba con un hombre que se encontraba de espaldas a la puerta, habitualmente abierta, como era de costumbre en mi barrio. Quedé ahí parada viendo que Samurái continuaba la charla, sin hacerme caso, obviamente el tema del que hablaba le importaba más que yo.

- ¿La Albina está aquí?- interrumpí atrevidamente.

Al escuchar mi voz el hombre se viró y me clavó la vista, era un joven como de veinticinco años ¡me dejó pasmada! Tenía los ojos azules más lindos que había visto en mi vida, grandes y expresivos los cuales le hacían un contraste perfecto con el pelo negro y ondulado que le caía casi como bucles sobre su cara bien sincronizada de aspecto varonil. La piel de una blancura radiante como si diariamente tomara exacto lo que necesitaba de sol.

Se puso de pie alargándose hasta una estatura promedio, mirándome fijo me extendió la mano presentándose. El timbre de su voz vigorosa me hizo tragar en seco. La preciosa dentadura me la mostró con una sonrisa adornada por hoyos que se desplegaban a cada lado de las mejillas.

-¡Ese es el hijo de Azucena! – me reveló La Albina misteriosamente.

-¡Se le escapó a Hollywood!, ¿no te parece?- comentó con picardía, y yo hubiera jurado que una chispa le salió de los ojos.

Nunca antes lo había visto, recién vivía al lado de mi casa, en los altos. De quien hablo es nada más y nada menos que de Papillón, el protagonista de este relato.

"Las mil y una ping..."

En un santiamén me enteré que él fue uno de los tantos que estuvieron en la cárcel por poseer dólares lo cual estuvo prohibido hasta el año 1993 (9) aunque a él lo pusieron en libertad un poco antes.

No pasaron veinticuatro horas y ya La Albina apareció con el primer recadito de Papillón.

- Te quiere ver por la noche.

Me insufló el mensaje por los oídos en un susurro, punzándome el corazón, como veneno inoculado que no tardó mucho en hacer su efecto.

Todo el día me lo pasé de allá para acá en mi casa, sin poderme quitar de la cabeza la atractiva figura del nuevo vecino. Estaba hipnotizada, la sensación en el estómago no desaparecía, sentía que él estaba cerca esperando la respuesta que yo no debía darle. No sabía por qué mis pies inquietos querían correr detrás del desconocido. Una horrible conclusión me encendió el rostro poniéndomelo más rojo que si me hubieran dado un bofetón; deseaba con todas mis fuerzas a ese hombre y no podía perder la maravillosa oportunidad de tenerlo cuerpo a cuerpo, en un contacto íntimo.

Por fin quedamos para las nueve de la noche en un punto convenido detrás del estadio de pelota. Cuando no había juego todo eso estaba tan oscuro como la boca de un lobo y por lo tanto era el sitio ideal para este tipo de encuentros. Además venían como anillo al dedo unas casetas externas, fabricadas seguramente con otras intenciones, muy distintas a las que tenían los amantes que solían darse cita por allí.

- Gracias- me dijo con su excitante timbre varonil, atrayéndome hacia él por la cintura –Tuve miedo que no vinieras.

"Las mil y una ping..."

Estábamos de frente, muy cerquita el uno del otro, me miraba con intensidad, aprovechando en algo las escasas luces que llegaban desde las casitas colindantes y que ambientaban la escena con una inmejorable penumbra. El azul de sus ojos ahora se tornaba como el del mar cuando se opaca ante la inevitable caída del crepúsculo.

No me habló nada más, o tal vez sí, me dijo un montón de cosas con el lenguaje peculiar de los besos y las caricias.

Estábamos allí semidesnudos, él recostado de espaldas a la pared de la caseta, empujándome por las nalgas una y otra vez en armoniosas clavadas, al mismo tiempo me chupaba el cuello, me acariciaba los pechos, también alternadamente me hurgaba en ambos oídos con la lengua. Yo no me quedaba atrás y lo saboreaba todo como si fuera la más exquisita golosina.

Se hacían más rápidos los movimientos rítmicos de caderas, que en él eran casi espasmódicos, disfrutaba verlo loco de placer, y me deleitaba en advertir su inminente eyaculación. Así fue, en pocos instantes ya me había echado todo el semen dentro, deshinchándose. Yo todavía le pedía más, aun sabiendo que él ya no podía, sus piernas se doblaron temblorosas en un ademán de fatiga. Traté de apaciguar el fuego que me quemaba frotándome con los dedos el clítoris para alcanzar el cielo.

Regresamos por un camino oscuro, tomados de la mano, dejándome llevar ligeramente por él, con la indisoluble complacencia de que un buen macho me había poseído.

Los días pasaron y ni así lograba apartar de mi mente lo sucedido, repasaba en mi memoria los detalles más ínfimos, los besos, las caricias y el acto en sí, una y otra vez.

"Las mil y una ping..."

La Albina quería que le relatara el encuentro con Papillón, se moría por saber en qué consistía la magia con que me había encantado.

- ¿Está bien dotado por la naturaleza?- me preguntó con picardía, rabiando de morbosidad y lujuria.

- Muy bien dotado- respondí mordiéndome el labio inferior expresando recónditos deseos.

Entre Papillón y yo se dieron lugar reiteradas citas, siempre por mediación de La Albina. Al mismo tiempo continuaba mi relación con Nemo, que por supuesto no tenía ni la más mínima sospecha de semejante triángulo.

En la intimidad Nemo seguía ardiente y con total entrega, pero yo ya no correspondía igualmente por lo que no demoró mucho en notar que algo no andaba bien. Me exigió que le hablara claro, sin pelos en la lengua.

- ¿A qué te refieres? – pregunté tratando de disimular mi turbación, confundiéndolo más.

Yo sabía muy bien que Papillón me había trastornado y que estaba a punto de cometer una insensatez.

- No dejes nunca a tu novio por mí- me advirtió Papillón un día durante uno de nuestros informales encuentros.

Me reveló que tenía una relación seria con una tal Mabel que trabajaba como modelo en Le Maison (10). De hecho la vi una vez cuando vino de visita a su casa, luciéndose en el balcón toda alta y atractiva.

- Ella no es más bonita que tú – me reconfortaba La Albina tratando de darme ánimo.

"Las mil y una ping..."

Lo cierto es que Mabel y yo éramos dos polos opuestos; ella tenía pelo largo y lacio; yo corto y rizado. Sus ojos negros y rasgados no se parecían en nada a los míos, pardos y grandes. Me miraba mucho al espejo por aquellos días, examinándome para ver si acaso encontraba en mí una mejor oferta para él. Sí, yo era delgada pero con estilo, y tenía curvas. Contaba con una estatura normal para ser mujer, mi cuello se mostraba sutil y los hombros delicados, quizás mis senos no eran muy grandes sin embargo estaban erectos y redondos, exactamente como a él le gustaban. No tendría un perfil de modelo, como ella, aunque sí muy bien formado. Mi frente y nariz de las más elegantes, además mi rostro ovalado tenía la forma idónea. Así me lo había dicho él muchas veces. Los dientes de Mabel eran blancos y lindos; los míos también, muy sanos y parejos, y no tendría los bellos creyones con que se coloreaba su boca; no obstante mis labios bastante gruesos y sensuales, estaban siempre listos para él.

Por Papillón se alborotaron muchas tipas en mi barrio. Supe a través de rumores sobre sus eventuales citas con "Doña Bella", con "Pisa Bonito", incluso con "La Cabra", y con otras que no tenían apodo y no me atrevo mencionar por ética. Pese a que la lista era larga y eso me molestaba, seguí revolcándome con él por rincones oscuros.

Ya no me enfrentaba al espejo para compararme con ninguna, sino para contemplarme con regocijo los chupones que me dejaba en los senos como irrefutables huellas de cada momento de pasión y que al unísono me ponían en situación bien difícil, tratando de hacer lo imposible para que Nemo no me los descubriera.

Por otro lado Nemo me mordió los labios a mitad del beso más largo y extraño que me habían dado en la vida, se preparaba para uno de sus viajes a la Coloma, por una semana, en medio de los planes para casarnos. Ya tenía suficiente dinero reunido como para comprar los anillos y otros

"Las mil y una ping..."

accesorios indispensables en aras del futuro matrimonio, pero no podía dar ni un paso aun, porque su viaje a Pinar del Río era inaplazable.

Tan pronto Nemo viajó para La Coloma me cité con Papillón para esa misma noche. Hicimos el amor desesperadamente, en la caseta donde cometimos mil locuras el primer día, y asimismo terminé toda rebosada de semen. No una sino dos veces se vertió todo dentro de mi hasta quedarse seco.

Faltaba poco para la media noche cuando llegué a mi casa. En cuanto entré me percaté de la inesperada presencia de Nemo, parado ahí, cerca de mi pequeña cama con los brazos cruzados mirándome desenfadadamente. Llevaba horas esperando por mí. Yo me quedé petrificada, aturdida.

- ¿Dónde estabas?- me preguntó con aparente naturalidad.

- En casa de La Albina – respondí con descaro.

- ¡Ah sí! – exclamó suavemente y yo percibí su ironía.

Se me acercó acariciándome los hombros desnudos a causa de mi vestido sin mangas. Volvió a besarme idéntico a la mañana cuando fingió su partida. Con la mano derecha me levantó el rostro ligeramente por la barbilla para mirarme fijo. Ahora si empecé a ver duda en sus ojos. Me besó otra vez, yo no entendía nada, entonces me recorrió con la misma mano todo el costado adentrándola por el pubis hacia la vulva donde se embarró los dedos con la esperma que manaba de mi vagina.

Sentí mareos, todo comenzó a darme vueltas. Cuando intenté reponerme de la fatiga ya Nemo se limpiaba la mano en mi antebrazo. No supe qué decir, se me unió el cielo con la tierra. Desperté del ensueño en que Papillón me tenía sumida y caí de pronto en la realidad. Quería todavía a Nemo, con

"Las mil y una ping..."

todas mis fuerzas, pero quién me lo iba a creer. Ahora todo estaba perdido, mi vida, mis ilusiones de mujer. No sólo le había fallado a él sino a mí misma.

- Eso es flujo, porque tengo frialdad en los ovarios - dije torpemente, como arrepentida, tal si tratara de componer un plato roto.

Algo iba a decirme pero se contuvo, salió de prisa y así mismo regresó en unos segundos, pensé que me iba a hacer daño pero me equivoqué, y aunque me dijo hasta del mal que iba a morir, ni siquiera alzó su voz.

- No es como piensas- dije rendida.

- ¿Quién es el tipo?- me preguntó resuelto.

- Tú no lo conoces- terminé aceptando ante el peso de la seguridad con que me hablaba.

Pero era mentira porque Nemo si lo conocía bien y muchas veces hasta lo vi saludarlo.

No hubo manera de convencerlo, me dejó inapelablemente y no regresó nunca más. Me quedé con un gran desasosiego, prisionera de una patética tristeza, como si fuera el fin del mundo. No dejaba de lamentarme, las lágrimas me inflamaban los ojos y los tenía tan rojos como si me hubiera contagiado de la peor de las conjuntivitis.

- No llores más sobre la leche derramada- me aconsejó La Albina
– ¡Ni que el matrimonio fuera lo más importante caramba!

Me dijo que a su modo de ver las cosas yo estaba así por complejo de culpa; y que Papillón era el hombre que de verdad me daba en el clavo. (11) Me asesoró proponiéndome nuevas citas con el susodicho, alentándome

"Las mil y una ping..."

para que siguiera, según ella, dándome el gustazo cada vez que pudiera, que esa era también una manera muy efectiva de ser feliz en la vida.

- Con amigas como esa, no te hacen falta enemigas- me comentó Simbad el Marino con una macabra sonrisa – El tipo es lindo- agregó- Pásala bien cada vez que tengas la oportunidad, no te queda de otra.

Lo había puesto al tanto de todo, con pelos y señales, como siempre, refiriéndole hasta los pormenores de los encuentros sexuales. Sus ojos tenían, cuando le contaba, un brillo perpetuo, como el de los fanáticos espectadores ante las escenas más excitantes de las películas.

Es cierto que mi historia con Papillón no terminó ahí, sólo que tomó otro rumbo. Las citas se fueron aplazando ya que él desaparecía por tiempo. Un día vino al barrio con una argentina, rubia, muy bonita, recuerdo que traía encima un perfume tan estrepitoso que envolvió con su fragancia todo el vecindario. Ya no tenía celos, estaba pasando por un extraño cambio en mis sentimientos hacia él, como si toda aquella pasión se estuviera convirtiendo en odio. Le rechacé una cita, otra; y eso lo enfureció. Le dijo oprobios de mi a La Albina; que yo me estaba haciendo la de las pestañas largas, que le pasaba muy seria por al lado como disimulando lo loca que él me ponía cuando me cogía sola en la oscuridad.

Desapareció otra vez, regresando acompañado de otra rubia, preciosa, despampanante, que se llamaba Mabel como la modelo. Se decía que ésta lo había desquiciado y que él quería darle la buena vida, complacer sus caprichos, cosa difícil en la época y el lugar que nos había tocado vivir. Por fin lo sorprendieron con ella en un Hotel que era sólo para extranjeros, haciéndose pasar por español, con un pasaporte falso. Lo volvieron a meter

"Las mil y una ping..."

preso bajo el delito de frecuentar zonas turísticas y de falsificar documentos. Mabel ni se apareció más.

Por otro lado El Grato hizo encubiertas gestiones para que mi pase fuera renovado y que pudiera al fin entrar de nuevo en la Radio, me conectó a su vez con Noelia, otra asesora que no sólo me aceptaba los libretos, sino que me ayudó para que participara como actriz secundaria en algunas grabaciones. Yo estaba muy agradecida. El mundo artístico era un refugio para mis tristezas.

- A veces es peor el remedio que la enfermedad- me avisaba El Grato, descubriéndome su desilusión.

También me informó para mi tranquilidad que Justo Palomón no podría con Noelia, ya que ella era la amante del Director General.

- No te preocupes muchacha, yo te voy a ayudar- fue una de las cosas que me dijo la asesora cuando me la presentaron.

Realmente, fuera de la corrección de mis escritos, no hablé mucho con ella, pero nunca me hizo falta para clasificarla entre las personas a las que les debo muchas cosas buenas. Noelia era una enorme y voluminosa trigueña que a juzgar por su poder en el medio, sabía usar muy bien sus atributos. Sin contar su inteligencia y cultura. Una vez en su oficina vi tras el buró, en la pared un inmenso diploma que anunciaba su Licenciatura en Historia del Arte, fue entonces cuando me dijo:

- Tienes que cultivar más el hábito de la lectura -Y no fue sólo esa vez, siempre que nos encontrábamos me lo repetía – lee de todo cuanto caiga en tus manos.

"Las mil y una ping..."

Así lo hice, de manera que siempre al lado de mi cama tenía un libro diferente. Improvisé una especie de librero que no tardé en llenar con varios volúmenes de todo tipo, ya fuera literatura contemporánea, renacentistas, antigua, retórica, poesía...; incluso le hacía alardes de mis conocimientos a la pobre Cucaracha, a La Albina y a todo el que se me acercaba, a todos menos a Simbad el Marino, por supuesto, que conocía bastante de todo lo que se le hablara.

Pasaron varios meses sin que supiera de Papillón. Un día La Albina me trajo una carta suya, aprovechando una visita que ella le hizo. En el manuscrito con elegante y corrida letra me decía que me necesitaba, que fuera a verlo a la cárcel cuanto antes, que no podía dejar de pensar en mí y no sé cuantas cosas más. Sin embargo en ese tiempo tuvieron lugar muchos acontecimientos, y precisamente ahora ya existía otro hombre en mi vida.

Sucedió que El Gallego, mi abuelo materno estaba muy viejo y necesitaba cuidados; le decían así porque provenía de esa región de España, aunque a juzgar por los enredos de mi abuela Mima, mi abuelo fue Sacarías, un viejo emigrante de Arabia al que ella misma me llevó a conocer un día, ese era el verdadero padre de mi madre. Todavía lo recuerdo, estaba muy viejo, en un sillón de rueda, pero ni aun así podía disimular sus marcados rasgos ismaelitas, piel tostada, pelo rizo, cara ligeramente alargada; en resumen un auténtico mahometano, mientras que El Gallego tenía el aspecto común de un anciano procedente de Galicia, y se asemejaba más a mi mamá. Pero como a mi abuela no había quien la entendiera terminé pasando por alto todo sobre mi ascendencia. Entonces me mudé para la Cruz Verde, un barrio céntrico que quedaba a cinco kilómetros de mi casa, y que a mí me resultaba encantador, de esta forma estaba casi en el corazón de una mágica ciudad que ni con el paso de más de cuatro siglos perdía su toque de antigüedad; intacto el Liceo, la Parroquia, el Convento de Santo Domingo, y

"Las mil y una ping..."

muchas calles con adoquines que databan del tiempo de la Colonia Española. Todo resultaba maravillosamente anacrónico e inadecuado con la época. Allí nací...En un lugar de La Habana de cuyo nombre... si quiero acordarme. No exagero si digo que haber sido oriunda de ese peculiar rincón del mundo me ha hecho sentirme toda la vida, única, como un fabuloso personaje emergido de una leyenda.

Y ni hablar de personalidades que como yo vivieron allí; no sólo grandes artistas de la talla de Lecuona, Rita Montaner y Bola de Nieve, sino también grandes brujos como el Babalawo Arcadio internacionalmente famoso. De allá también era mi Canelo, un tremendo Don Nadie, que fue muy importante para mí. Me fascinó desde la primera vez que lo vi con un juego de pantalón y camisa verde esmeralda, holgados, que eran el uniforme que usaba el personal de los hospitales. Canelo ni cantaba ni comía frutas, se dedicaba a descargar las viandas transportadas en los camiones de "Acopio" a las respectivas bodegas. La paradójica mecánica que hubo entre nosotros desde el principio sólo tenía una explicación física, basada en que los polos distintos se atraen. Canelo al lado mío era un ignorante, no obstante jamás supe resistirme ante sus ojos grandes y negros de mirada perezosa que tenían un aire sensual. Localmente famoso por su adicción al fenobarbital con alcohol, cosa que no supe al principio, Canelo era de los más buscados por las mujeres de bajo ambiente. Tenía piel canela, nariz recta e impecable, boca de labios gruesos y atractivos, pelo rizo al descuido, cuerpo bien formado y estatura un poco alta.

Yo misma me le declaré una tardecita en el muro lateral del Banco de Sangre. Lo mandé a buscar a través uno de sus amigos. Él escuchó atento mis confesiones y las procesó lentamente, a la manera que se lo permitió el barbitúrico que había ingerido. No me dio vergüenza hablarle de todo lo que sentía y proponerle tener una relación. Estoy segura que no le tomó por

"Las mil y una ping..."

sorpresa que yo sola había tenido el valor de romper la inercia. Allí mismo me cogió ambas manos y posó sus labios en la comisura de los míos, de modo intrépido como el diminuto comienzo de otro desastroso romance.

El mensaje de Papillón me había llegado cuando mi noviazgo con Canelo estaba bien avanzado. Leí varias veces su misiva y terminé estrujándola porque me di cuenta que era todavía posible que mi odio cesara, cediéndole paso a una especie de lástima que podría conducirme de nuevo por un camino ya antes transitado.

"Las mil y una ping..."

Capítulo 3

Un tipo Teta Ordeñado por el destino.

El hecho de no haber mencionado a El Teta en esta historia no quiere decir que no estuviera siempre relacionado conmigo. Lo conocía desde los tiempos del Supersanto y mantenía con él una relación paralela a todas las demás que tuve desde entonces, matizada por una creíble versión de amistad profunda y duradera.

Todo surgió a causa de una foto de estudio que me pedían en la Agencia encargada de apilar los datos de todos los artistas o aspirantes. Me lo habían recomendado varias personas ya que El Teta era acreedor de una gran reputación como fotógrafo profesional.

Vivía en un cuartico perennemente desorganizado. Además de un catre viejo no había nada allí que no formara parte de su negocio; cámaras fotográficas de todo tipo, impresoras, tintas, luces especiales... Desde la primera foto nos hicimos amigos, hablábamos con facilidad como si

"Las mil y una ping..."

tuviéramos mucho en común. Pese a que él era diez años mayor que yo no lo aparentaba, juzgándolo por su nivel de ingenuidad. Tuvimos un noviazgo insólito que duró casi ocho años, sin que él pudiera exigirme nada. Aunque nunca lo vi con ninguna mujer, se pasó la vida asegurándome que era casado. No vivía junto con la esposa por innumerables problemas conyugales pero no se decidía a terminar con ella definitivamente, ya que tenían un hijo pequeño.

Yo supuestamente esperaba por años a que tomara una decisión entre su esposa y yo, y no le permití en mucho tiempo que me tocara mas allá de lo determinado por mí, limitando nuestro prolongado noviazgo a triviales besos y caricias tontas puesto que yo me quería mantener "virgen" hasta el matrimonio, y siempre le deje claro que yo tenía que probar a encontrarme un hombre libre, ya que no iba a estar así toda la vida.

Cuando encontraba una relación seria le tenía prohibido aparecerse por mi casa, por lo tanto nos veíamos a escondidas, en cualquier lugar sin requerimientos específicos, pues la necesidad de encontrarnos se basaba en motivos ambiguos. Nuestras citas se resumían sobre todo a simples conversaciones en las que abordábamos temas de poca importancia. Esta relación no era precisamente un simulacro aunque lo pareciera. Las reglas del juego entre ambos fueron así de claras desde el inicio. Si bien es cierto que El Teta no me gustaba lo suficiente como para irme con él a la cama, tampoco me desagradaba como para prescindir de su compañía.

Tenía un biotipo común: ni lindo que encantara, ni feo que espantara. Era delgado, con total ausencia de músculos. Yo creo que a La Albina le gustaba más que a mí, se pasaba la vida ensalzándole atributos que yo no le veía por ninguna parte. No es mentira que tenía un llamativo color grisáceo en sus ojos, lo que le contrastaba con la piel muy tostada. Fuera de eso no había en él nada especial.

"Las mil y una ping..."

La relación se tipificaba fundamentalmente por una ayuda mutua. Lo asistía en su taller donde aprendí bastante de fotografía, lo acompañaba a los cumpleaños y fiestas de quinceañeras, a las bodas y a todos los eventos que se le presentaban, incluso le buscaba clientes por donde quiera. Recuerdo que hasta llegó a ser el fotógrafo de la boda de La Albina. A la cual no asistí porque en ese momento le guardaba mucho rencor.

El Teta titulaba a La Albina como su amiga e ignoraba totalmente que ella fuera la culpable de mi ruptura con Nemo y la que me metió a Papillón por los ojos, una gran envidiosa que me espantó al hombre de mi vida, y la responsable de que yo no hubiera podido salir acompañada de mi novio con un vestido blanco de encaje y seda como el que entonces estaba exhibiendo ella acompañada de El Cuerno. Un muchacho bueno, así como Nemo, que tenía una moto, y que fue lo mejor que ella pudo encontrarse.

La observaba de lejos, mis ojos se entrecerraban de rabia, allí estaba luciéndose como una reina. Apartando ligeramente con sus manos el velo de tul que le caía con suavidad en el rostro bien maquillado. El magnífico moño negro, adornado por un cintillo de perlas, borraba cualquier sospecha del verdadero albino amarillento de su pelo.

- Yo no te puse un puñal en cuello para que te enredaras con él- había respondido así ante mis replicas – Las cosas pasaron porque en el corazón nadie manda.

Eso fue mucho tiempo después de sus nupcias, cuando ya hasta había nacido su primera hija. Apeló ante los cargos que le imponía, convenciéndome de su inocencia en el asunto de mi ex novio. Me reafirmó que yo era su mejor amiga y que no debíamos pelearnos. Dijo en cuanto a Nemo que lo que sucedía a veces convenía, que podía encontrarme otro mejor con miras a un casamiento más propicio incluso que el de ella.

"Las mil y una ping..."

- Sólo tienes que observar a tu alrededor – me insinuó despacio mientras conversábamos en la Acera del Pecado, un sitio concurrido del barrio donde solíamos sentarnos a arreglar el mundo.

De momento no tuve idea de a quién podía referirse por lo que mi cara reflejaba una expresión interrogativa.

- ¿No me digas que no te has fijado en lo lindo que es La Estatua de Mármol? – Soltó despacio pero firmemente – ¿No te has dado cuenta con la atención que él te mira?

Realmente nunca había notado nada en particular, pero de que era bonito sí que me había fijado.

La Estatua de Mármol había crecido en el barrio, era como dos años mayor que yo, contemporáneo con mi hermano El Neandertal. Es cierto que se había convertido en un auténtico hombre generosamente dotado por la naturaleza. Tenía pelo rubio, en un corte a la moda y una estupenda cara de seductoras facciones, estatura alta y cuerpo atlético. No dudo que hiciera suspirar a más de una. Estaba reclutado, voluntariamente, en el servicio militar, por la Orden Dieciocho (12) porque quería estudiar una buena carrera. A todo esto se le sumaban sus corteses ademanes, su actitud ecuánime y discreta que lo ponían en un nivel superior. Su elegante casa estaba situada en la punta de la loma que antecedía a mi calle, y parecía irreal, atípica, como si la hubieran construido en el lugar equivocado.

Además del traje verde olivo, se le veía vestir con muy buenas ropas, de etiqueta, mandada exclusivamente por sus familiares desde USA. Con todas estas cualidades no era difícil imaginar que pronto se me antojaría como un Don Perfecto. El príncipe azul con el que siempre había soñado.

"Las mil y una ping..."

Estaba totalmente ilusionada. Cuando lo veía de lejos enseguida buscaba algún pretexto para pasar por su lado y hablarle de algo aparentemente ingenuo. Nunca supe a ciencia cierta si me miró primero como afirmaba La Albina, pero de que correspondía a mis miradas estaba segura, ¡y de qué manera!

Un sábado como a las ocho se apareció La Albina en mi casa.

- Dice La Estatua de Mármol que si quieres ir con él al Liceo de Villa María - soltó apenas sin respirar, sorprendiéndome con la propuesta.

Me puse muy contenta, como si me hubiera sacado el premio gordo de la lotería. Abracé a La Albina muy emocionada, reconociendo su proeza. Ella sonrió con malicia.

Estrené mi mejor vestido, uno color hueso acampanado que me había regalado Nemo. Me peiné curiosamente recogiéndome el pelo en un sensual rabo de mula. El maquillaje bastante marcado en aras de resaltar mis encantos todo lo más que pudiera. Y por último me encaramé en unos tacones beige que me estilizaban aun más la figura. Cerrando la sesión de belleza con la exterminación del pomo de colonia "Mariposa", la única que tenía.

La Estatua de Mármol no quiso tomar la guagua hasta el Liceo por lo que tuve que taconear incómodamente todo el camino. Cuando llegamos ya había mucha gente bailando y divirtiéndose dentro de la inmensa plazoleta rodeada de cerca de alambre. Tan pronto entramos me llevó a una pequeña barra y me compró un trago de ron, según él para que me entonara y pudiera aprender los pasillos de baile que él mismo me iba a enseñar.

"Las mil y una ping..."

Bailamos toda la noche Merengue, al compás de la música de Juan Luis Guerra, también Salsa y Bachata interpretada por otros cantantes. En cada descanso, La Estatua de Mármol me traía otro traguito. Finalizamos la noche al ritmo de unas baladas románticas ya un poco más apretaditos.

Al regreso tampoco quiso tomar la guagua, yo estaba mareada por el alcohol por lo que de inicio no me di cuenta que estábamos en un oscuro camino a la orilla de un matorral.

- ¿Qué hacemos aquí? – pregunté algo aturdida, pero él no me respondió.

Solamente me atrajo en un abrazo algo forzado que me hizo quedar muy próxima a él. No tuve más remedio que responderle un beso. Cuando volvió ya mis manos se entrecruzaban tras su cuello. Repitió de nuevo pero ahora fue menos delicado, casi se traga mis labios.

Me tomó de la mano adentrándose en la maleza, yo me resistí.

- ¿Qué quieres? – casi grité – Quítame tus manos de encima.

- ¿Qué te pasa? - me cuestionó agarrándome por los hombros.

- ¿Quieres empezar por el final o qué?

- Me tienes loco, necesito estar contigo ahora mismo.

Gracias a la Luna creciente que iluminaba la maraña de matas pude verle las pupilas dilatadas en sus ojos marrones, como fiera ante su presa. Por poco lloro de la desilusión, ni siquiera mi ligera embriaguez impidió que percibiera sus intenciones. La Estatua de Mármol trataba de convencerme con frágiles argumentos; que si yo le gustaba mucho, que no lo tomara a mal y no sé cuantas boberías más. Yo no lo escuchaba, su apresurado

"Las mil y una ping..."

comportamiento desmenuzó mi castillo de arena. Me quité los tacones, algunos restos de romerillo y hierba mala se habían enredado en mis pies. Casi corrí perdiéndome de su vista. El no hizo ningún intento de seguirme, ni siquiera me llamó.

El domingo por la mañanita fui a casa de La Albina y le di las quejas de todo. Sus ojos de gata estaban quedos, como si estuviera pensando en otra cosa.

El Cuerno recién salía para coger la moto, ella le sostuvo una mirada. Cuando este se alejó bastante me dijo:

- Ayer lo sorprendí paseando a una tipa de pelo largo en la moto.

- No te lo puedo creer – expresé alarmada- ¿Qué te dijo?

- Que no era él ¡Fíjate que descarado!

- ¿Qué vas a hacer?

- No te preocupes... yo sé- mordió las palabras e hizo una extraña mueca como si le preparara al Cuerno la revancha.

Por mi parte aunque le demostrara conmiseración, estaba satisfecha en lo más profundo de mí. A pesar de todas sus explicaciones, la culpa de mi error con Nemo caería sobre ella eternamente. Así lo dictaba mi conciencia. La verdad es que ni siquiera sabía cómo fue que llegaron a casarse. La Albina nunca se enamoró de El Cuerno, ella misma lo decía, por otra parte a él tampoco se le vio el más mínimo embullo. Que no se amaban era un hecho, pero allí estaban representando una farsa, y cumpliendo con el más importante de los estatutos sociales.

"Las mil y una ping..."

Me vino a la mente por unos segundos un fragmento de su boda. El Cuerno vestido de traje negro, como un galán tomándole la mano y ella sosteniendo con la otra un precioso ramo de flores, posando ambos ante la cámara fotográfica de El Teta. También estaba Papillón, como invitado de honor, junto a su rubia. ¡Todos felices! Entretanto yo, de lejos, contemplándolos con tirria, y al mismo tiempo afligida echando de menos a Nemo, lamentándome de haber permitido que las manos perversa de La Albina hubieran deshecho mi porvenir de buena esposa y madre de los hijos que Nemo y yo pensábamos tener, a los que ya les habíamos hasta buscado nombres.

Lloré por la vida que no tuve al lado de Nemo, por la familia que no hicimos, por las penas y alegrías que no llegamos a compartir, por el hogar que no pudimos construir, y por nuestros sueños nupciales tronchados, gracias a ella y nada más que a ella, lloraba amargamente, mientras todos ellos reían.

- Con esa actitud lo puedes espantar- me advirtió La Albina ahora refiriéndose a La Estatua de Mármol.

Me dijo que reflexionara, otras veces había cedido a cambio de nada como en el caso de Papillón al que, dicho sea de paso, continuaba aceptándole algunas citas, como si flaqueara ante la incapacidad de resistirme a pasar un tiempo con él. Por encima de sus largas ausencias, de las mujeres con las que se aparecía, y de todo el resentimiento que le guardaba a causa de haberse metido en medio de mi relación con Nemo.

- Con probar no se pierde nada, en cambio se puede ganar, y mucho – resumió con una seguridad que me erizó los pelos.

"Las mil y una ping..."

Me incitaba a claudicar, a caer rendida a los pies de La Estatua de Mármol, a complacer todos sus caprichos en aras de un futuro incierto.

Empero yo quería aceptar el reto de jugar a las adivinanzas, de armar el rompecabezas, para ver de una vez y por todas dónde quedaría situado mi príncipe azul.

El principio del fin fue en la propia casa de La Estatua de Mármol, una noche de viernes en que me mandó a buscar con La Albina, aprovechando que no había nadie. Todo estaba bajo la media luz de una lámpara de noche, no me fijé en nada, me sentía algo nerviosa. Temblaba en medio de la confusión y la penumbra de su cuarto. Estaba consciente que me había rendido por fin ante el adversario sin siquiera comenzar la batalla.

Después de las primeras caricias me tumbó en una cama personal, asistiéndome en el asunto de quitarme la ropa, y pidiéndome que le hiciera lo mismo. Ciertamente, desnudo se veía todavía mejor. Me rozaba con su índice los labios y los senos, siguió avanzando hasta el punto donde ardí en deseos. Nunca sospeché que detrás de su prudente apariencia ocultara tanta pasión. De nuevo me pareció una fiera, ahora devorándome en su guarida. Me acuerdo que de rodillas, boca abajo, en la esquina de la cama, le inclinaba las nalgas, él de pie detrás de mi me penetraba irreverente por el culo, agarrándose de mis caderas y moviéndose con frenesí. Nunca había experimentado tan doloroso placer. Me emocionaba su impiedad, sentía una deleitosa sumisión ante su control y poder sobre mí. Me enloqueció verlo excitarse al máximo, derramándome todo el fluido tibio dentro y contemplarlo caerme encima extenuado, derribándome en las sábanas que pronto comencé a embarrar con el líquido que se me salía lentamente. No nos dijimos nada, él no dejaba de mirarme aunque no se en que estaría pensando. Ahora ya no era mi príncipe azul, sino mi tiránico Rey.

"Las mil y una ping..."

Nuestra historia tuvo varios finales que sucedieron dondequiera que fue propicio, desde un matorral, hasta un oscuro rincón, nunca repetimos los lugares pero sí el hecho, ya que sólo teníamos sexo anal. Y aunque yo jamás llegué al orgasmo mi placer se centraba únicamente en disfrutar su gozo, su total dominio sobre mí en la intimidad.

A pesar de todo el tiempo transcurrido no me queda claro por qué La Estatua de Mármol nunca quiso que nuestra relación saliera a la luz, incluso esa fue la causa de la ruptura. Delante de todos me trataba como una amistad común y muchas veces ni eso, como para que no cupiera la menor sospecha que entre nosotros había mucho más. Me pasaba todo el tiempo pensando en qué razón podría llevarlo a tal comportamiento. La hipótesis de La Albina era la que más se acercaba.

- Tu mamá siempre está borracha- dijo resuelta – Anda dando tumbos por ahí y haciendo papelazos en plena calle.

Era realmente así pero, ¿qué tenía yo que ver con el comportamiento de mi mamá? Nada, desde la perspectiva de alguien que me quisiera de verdad. Ya no toleraba su falsedad y por eso el último de los finales fue una noche que se atrevió a buscarme en mi casa mientras no había nadie. No fue fácil para mí cortar el mal de raíz, mis sentimientos hacia él eran profundos y si no tomaba una decisión firme las consecuencias serían peores. Trató de convencerme que saliéramos otra vez, sin embargo su silencio ante mis preguntas sobre su actitud, era cruel e injusto. Si digo que no estuve a punto de flaquear es cuento, casi me lanzo a sus brazos a pedirle que me sacara de las sombras, que me dijera lo que pasaba para resolverlo a toda costa, que me diera la oportunidad de demostrarle que yo era digna de él y que me demostrara una vez más en el sexo su sabrosa supremacía. Pero no lo hice, mi orgullo se interpuso dejándole bien claro

"Las mil y una ping..."

que no le iba a rogar sino todo lo contrario. Le exigí con los ojos aguados que no me buscara más porque si lo hacía lo iba a poner al descubierto.

-¿Estás segura que ya no quieres? – preguntó mirándome, y ni así pude leer sus sentimientos.

-Estoy segura – respondí firme mientras mis pupilas se anegaban entre lágrimas contenidas, desmintiéndome.

No creo que haya sido mi actitud la que le puso freno, definitivamente, sino la del Jíbaro, que sabía algo de lo que estaba pasando. No por mí, ni por él; sino porque ambos eran uno, como la yunta y el buey y el hecho se hacía evidente cada vez más.

Yo conocía al Jíbaro desde que tuve uso de razón. Era un sencillo mulatico color azúcar turbinada con un carácter jocoso y desenvuelto, que atraía a las muchachas como hormigas. Gran amigo de El Neandertal y siempre estaba en mi casa, lo veía como a un hermano de crianza. Fue un contemporáneo más de los tantos jóvenes del barrio que crecimos juntos, como si todas las mujeres de aquella época se hubieran puesto de acuerdo para dar a Luz al mismo tiempo.

- No te acerques más a ella – le advirtió el Jíbaro a La Estatua de Mármol una noche en que este intentaba buscarme.

Le hizo la advertencia franca, directa y seriamente. Yo no estaba en juego, sus oscuras intenciones para conmigo no ligaban en absoluto con la amistad que le tenía. Fue el mismo Jíbaro quien lo bautizara tiempo atrás como La Estatua de Mármol. Se le quedó para siempre, por eso cuando hablo de él sólo tengo que citar su apodo y las palabras sobran.

"Las mil y una ping..."

A las pocas semanas andaba La Estatua de Mármol muy tierno de la mano de una muchacha de piel muy blanca y refinadas maneras. La Albina averiguó que era egresada de la universidad, tenía una familia y una casa impecable en "La Yuca" un pueblo de campo cercano. Por eso le empecé a llamar La Guajira.

Si algo he aprendido en la vida es que la intuición de una mujer nunca falla. Resulta que por aquellos días se apegó a mí Culo Hermoso, era una prietecita cuya cara recordaba levemente a un chimpancé, pero con un bonito cuerpo y sobre todo enorme nalgas. Me hacía algunas preguntas solapadas sobre La Estatua de Mármol, quería saber la veracidad de que yo hubiera tenido o no relaciones con él. Un día le pedí a El Cuerno y a La Albina que me acompañaran al Callejón, una calle oscura y enmarañada que quedaba cerca, con el propósito de descubrir a La Estatua de Mármol apretando con Culo Hermoso. El Cuerno me soltó la carcajada en la cara y me dijo que estaba loca, totalmente obsesionada con La Estatua de Mármol y que por eso alucinaba de esa manera.

Para ese entonces La Estatua de Mármol ya se había casado con La Guajira. No obstante se decidieron a acompañarme burlándose de mí por todo el camino, yo los ignoraba y sólo les indicaba el lugar donde además El Cuerno en su afán de ridiculizarme me prometió que llegaría primero.

- Allí en esa entradita- les señalé.

El Cuerno aguantando la risa que le ocasionaba mi supuesto delirio avanzó muy resuelto. Cuando La Albina y yo lo alcanzamos ya El Cuerno estaba petrificado ante el hecho de haber sorprendido a La Estatua de Mármol con la negrita muy apretaditos en un matorral del callejón. Éramos cinco reunidos en la penumbra, cada cual con una reacción diferente. La más notoria fue la de El Cuerno que hasta hoy me reclama haber quedado como

"Las mil y una ping..."

un chivatón y un poco hombre, gracias a mí. La mía no la recuerdo muy bien, pero si se que fue la última que tuve hacia él. Se me salió del alma por completo a partir de ese instante, al menos empezar por el final me hizo ver que La Estatua no era más que un mojigato, ¡un infeliz que vivía enfermizamente con el que dirán o el que querrán los demás!, incapaz de dar ni una pequeña pista de cuál era su verdadero yo. ¡Una auténtica Estatua de Mármol!

Enteré sobre el hecho a quienes pude, el episodio que me quedó grabado para siempre, reproduciéndolo una y otra vez como una cinta de video. Hasta pensé en hacérselo saber a La Guajira con la que se había casado y así saborear la dulce venganza.

- No- casi me ordenó La Albina- El despecho no te va a llevar a ningún lado.

"Buena reflexión" pensé irónicamente.

- ¿Qué vas a sugerirme ahora?

- ¿Qué busque otro mejor?

-Según tú con probar no se pierde nada. Pues entérate que con La Estatua de Mármol si perdí, y mucho. Hizo pedazos mi amor propio, me subestimó humillándome por oscuros rincones y me rebajó a la condición de esa fulana. Tan fea, grosera, puta del montón, y estúpida, que no se puede parar ni donde yo escupo. ¿O es que para él somos iguales?

"Las mil y una ping..."

"No te calles Albina, sé que estás leyendo mi mente, sabes que me siento menos que nadie y que con esta prueba salí perdedora, que estoy rabiando de impotencia y te estoy inculpando con más fuerza, no sólo por esto, sino por lo de Nemo." Le reproché ahora en silencio

- Claro que no quieres que le cuente a La Guajira, porque no fue a ti a la que le pasó.

Tampoco El Jíbaro estuvo de acuerdo en que yo cometiera semejante bajeza, a pesar de que él ya no tenía a La Estatua de Mármol como un amigo cercano. Por esos tiempos se le veía a El Jíbaro con un muchacho del mismo reparto donde vivía Nemo, le llamaban EL Canvas, trabajaba como barbero. El Jíbaro lo había insertado en el barrio de tal modo que parecía haber nacido y vivido allí toda la vida, como nosotros. Se destacaba tanto como un líder, tenía la aceptación de los varones por los modernos cortes de pelo que conocía y de las hembras porque era muy atractivo. Por lo menos a mí se me hacía irresistible. Su gracia especial no consistía en el mestizo claro de su piel, ni en el pelo crespo bien acomodado, tampoco en su rostro bello o su cuerpo varonil. Iba más allá de lo físico, era como un misterio que lo envolvía de pies a cabeza, algo que inexplicablemente lo realzaba de un modo peculiar.

Olvidé a La Estatua de Mármol con él, pero sólo en sueños, ya que entre las prohibiciones de El Jíbaro para mantenerme alejada de EL Canvas y lo mujeriego que era, se me tornó en un imposible. Eso sí, averigüé en cuanto pude el teléfono de su casa, y desde una cabina telefónica pública le marcaba todos los días entre ocho y nueve de la noche, ya él conocía mi voz pero no la asociaba con mi persona. Las conversaciones, secundadas en secreto por La Albina, eran más o menos así:

-¡Tú otra vez!

"Las mil y una ping..."

Tan pronto oía su gruesa voz saltaba del nerviosismo pero trataba de controlarme y parecer lo más natural posible.

- Sí, soy yo nuevamente- respondía resuelta - Tú sabes que no puedo dejar pasar ni un día sin escucharte.

- Dime quién eres- me preguntaba con insistencia, seguramente sonriendo.

- Alguien que te desea mucho- le respondía con frescura.

- Tu voz me suena conocida- continuamente trataba de adivinar mi identidad- ¿Qué es lo que quieres de mi?

- Que me beses- probaba una y otra vez a sonsacarlo.

- Pues no voy a seguirte la corriente- me avisaba siempre con dulzura.

- Entonces cuelga- proponía confiada de que no lo iba a hacer.

Así estuve como dos meses con él en un flirteo que se profundizaba más en cada encuentro telefónico.

Llegué hasta a decirle descaradamente cosas como:

- Me gustaría despertarme al lado tuyo toda embarrada. ¿Te imaginas de qué?

Estoy convencida que cuando le hablaba de ese modo él tenía una erección. Es más, si una noche no lo llamaba a la otra me revelaba que se había quedado esperándome. Por mi parte aquello me excitaba muchísimo recuerdo cuando me manifestó como loco:

"Las mil y una ping..."

- Cuando te coja te lo voy a hacer tantas veces y tan rico que se te va a quitar toda la picazón que ahora tienes conmigo.

- No te preocupes-le contesté con un tono libidinoso- que yo me rasco en las noches pensando en ti.

Estaba diciéndole la verdad. Muchas madrugadas me autocomplací pensando en él entre dormida y despierta. No obstante las cosas nunca pasaron de ahí, por lo menos no en aquel momento.
La Estatua de Mármol me había enseñado la importante lección de aprender a leer donde decía "Peligro". Sin embargo no lo tendría presente más adelante. Dejé poco a poco de llamarlo porque un asunto difícil de resolver me acaparó la atención.

Todo comenzó porque Teo me acarició una mano a espaldas de Zafiro cuando se disponían a marcharse, después de una de las muchas visitas que me hacían por aquellos tiempos. Formaban una bonita pareja. Aunque no se habían casado convivían como un matrimonio, su casa estaba muy cerca en un barrio vecino. Ella y yo estudiamos juntas hasta el pre-universitario y nos teníamos mucha amistad. Esta fue la primera acción desleal de él, pero no la última. Un día se me apareció solo con una traumática confesión:

- ¡Estoy loco por ti!

Prosiguió diciéndome que no podía apartarme su mente ni siquiera cuando hacía el amor con ella, y me rebeló un montón de cosas más que evidenciaban sus firmes y lamentables sentimientos hacia mí.
Me quedé muda. Zafiro ni se imaginaba semejante agravio ¡La pobre tanto que lo adoraba! Teo era su primer y único hombre al que le entregaba todo día a día, su juventud, la vida misma. Había que verla como lo abrazaba donde quiera y lo orgullosa que iba de su mano cuando se paseaban juntos por las calles.

"Las mil y una ping..."

Ninguna de mis amigas contó con la cantidad de cosas en común que tuvimos ella y yo. Le encantaba leer como a mí y nos gustaban las mismas ropas y calzado, inclusive los mismos cantantes, actores, películas... en fin éramos idénticas en todo menos en el físico. Sus ojos un tanto alargados tenían el azul profundo y cristalino de la piedra preciosa que llevaba por nombre, como el inmenso mar, su pelo claro con iluminaciones grisáceas le caía en un corte redondo sobre la nuca y la frente ancha y bonita, así como toda la cara blanca en la que le relucían los cachetes bien sonrosados. Siempre estaba riendo, mostrando los dientes de nácar. En fin era linda y muy agradable. Aún no entiendo qué podía faltarle como para que Teo se fijara en mí, ¡y de qué manera! Sus apariciones por mi casa, sin ella, se hacían frecuentes y sus declaraciones eran reiteradas y obsesivas. Que me quería, que no me le quitaba ni un segundo de la cabeza, que no le importaba nada que no fuera yo y mucho más, tanto que me harté de escucharlo y fui un día a contárselo todo a Zafiro para que supiera quién era él verdaderamente, que la estaba apuñalando por la espalda, y que no la merecía. Cuando llegué ella estaba preparando la comida y él miraba los deportes en el televisor.

Tan pronto Teo me vio se incorporó y solícitamente me insistió para que me quedara a comer con ellos. En eso entró su hermano (el cual era Testigo de Jehová) con Dalila del brazo, eran pareja desde que ésta rompió con el mujeriego que le había hecho el hijo. No quise ser la nota discordante que alborotara la aparente paz, ni arruinar la cara feliz de mi amiga, tampoco me entusiasmaba ser la portadora de tan sucia noticia: que Teo me andaba enamorando a escondidas.

El Teta y yo ya casi nos despedíamos en el portal de mi casa después de una larga charla sobre las cosas que nos sucedieron ese día, a él en su negocio y a mí por la Radio. Se montó en su vieja y robusta Júpiter [13] encendiendo inmediatamente el motor, produciendo un ruido que por poco me ensordece. Prácticamente lo boté con un superficial beso en los labios y un ademán de adiós. Se perdió dejándolo todo envuelto en una nube de humo que apestaba al carburante.

"Las mil y una ping..."

No me dio tiempo ni de entrar, de pronto la figura alta de Teo emergió como un fantasma en la niebla.

- ¿Quién es ese? – me reclamó agarrándome por un brazo como si tuviera el derecho.
- No te importa ¡estás loco! – respondí sorprendida de su insolente actitud.
- Si estoy loco por ti y tú bien lo sabes.
- Se lo voy a decir todo a Zafiro- lo amenacé seriamente.
- Díselo – reaccionó con seguridad – Vamos que yo mismo te acompaño.

Le exigí que me dejara tranquila, y le recriminé el mal que le estaba haciendo a ella. Se justificó alegándome que era a mí a la que quería y que en el corazón nadie mandaba, aventurándose a decirme que entre nosotros ya ese no iba a ser un problema.

¡Qué fuerte! Así lo hizo, terminó con Zafiro sin pretexto alguno, ella misma me lo dijo al otro día en mi cuarto, delante de La Albina. Fue la primera vez que la vi triste. Nos contó que hacía días lo veía raro, tratándola con aspereza.

- ¿Qué te dijo? – le pregunté ansiosa.

Ella hizo un gesto de aturdimiento, se llevó ambas manos a las sienes, y así estuvo unos segundos hasta que por fin respondió.

- Que me fuera de su casa y que ya no sentía nada por mí.

Me irrité muchísimo llenándome de valor para soltarle todo lo que hacía tiempo quería decirle, La Albina que estaba pegada a mi advirtió mi impulso y me apretó una mano para que no hablara.

"Las mil y una ping..."

A pesar de todo lo que estaba pasando no dejé de sentir admiración por ella, en su tristeza había una singular dignidad. No se refirió a él con despecho ni tampoco con cariño, como si supiera la medida exacta donde poner la balanza. Menos aún enfangó el intenso azul de sus ojos con lágrimas que Teo no merecía. Al menos no lloró delante de mí.

Teo no se dejó ver por aquellos días. Entretanto La Albina no paraba de hablarme de la teoría de las dos bolsas y la vida.

- Hay una para ganar y otra para perder, a ella le tocó la segunda – se expresaba sin una gota de pena.

- Tú no tienes la culpa – agregaba sagazmente – yo en tu lugar actuaría de otra manera.

Hablaba de Teo como si fuera un preciado objeto en exhibición, un producto que a toda costa intentaba venderme.

- Es un buen hombre para un hogar, trabajador y encima bellísimo ¿Qué más tu quieres?

A lo mejor tenía razón, pero Teo no despertó nada en mí hasta un día en que se cruzó en mi camino. Transcurrieron dos meses desde que dejó a Zafiro y no se había aparecido por mi casa nunca más. No sé hasta qué punto fue casual que me lo encontrara en la parada de la guagua como a las ocho de la noche cuando venía cansada de la Radio. Quedé frente a él que estaba recostado a la columna que sostenía el pequeño techo. No sé porque en ese instante me aseguré que La Albina no mentía.
Por primera vez tomé en serio su mirada expresiva y profunda, contemplé sus enormes ojos claros, color del tiempo engalanándole el rostro níveo que ahora se me antojaba muy simpático. La nariz perfilada y fascinantes labios.

- ¿Cómo te va? - me saludó impasible.

"Las mil y una ping..."

- Bien ¿Y a ti? – ya mi tono sonaba suave.
- Te acompaño a tu casa – se ofreció y continuó sereno.
- Claro – Respondí confusa.

Al poco rato de caminar juntos sin decirnos ninguna palabra probó a tomarme de la mano, no se lo impedí en lo absoluto. A unas cuadras de mi casa me detuvo, atrayéndome a él definitivamente, y alcanzándome los labios con un beso rotundo.

La decisión de haber accedido a una relación con Teo fue tal vez la más desacertada de mi vida, no sólo porque fue el hombre de Zafiro sino también porque era un vil y un bajo. Conmigo se comportó de un modo obsesivo, como si se hubiera convertido en mi dueño. Se ponía celoso hasta de una mosca que me pasara por delante.

Un día cometió la barbaridad de ponerme la mano encima, según él porque tuve la culpa de que unos tipos se propasaran conmigo en la guagua mientras regresábamos de un motelito donde habíamos hecho el amor insaciablemente.

- Te dije que no subieras primero que yo a la guagua – me gritó en una oscura calle, después de haberme espantado el primer sopapo por la cara.
- Lo hiciste a propósito, eres una cualquiera – continuó pegándome.

Desconcertada y temerosa intenté huir de él pero no lo logré, enseguida me agarró por un brazo.

- No te troques conmigo, tu no me conoces carajo.

69

"Las mil y una ping..."

- Suéltame – le exigí firmemente – ya no quiero verte más nunca.

Esto último se lo lancé con rabia, impotente ante sus absurdos atropellos. Tragándome algunas lágrimas que se deslizaron hacia mis labios.

- Vas a estar conmigo hasta que me dé la gana o todo el mundo va a saber que eres tremenda traicionera, que tus amigas tienen que tener cuidado contigo. Le voy a decir a Zafiro el por qué la dejé, que casi estabas esperándome con los brazos abiertos ¿O no fue así? Le voy a contar lo rápido y fácil que me llevé a su amigota al agua... ¡Y Como has gozado con lo que ella está sufriendo ahora!

Tuvo realmente mucho coraje para golpearme y echarme tantas cosas en cara. Obviamente Teo ignoraba que esa era la tapa al pomo, la última gota que llenaría la copa que él mismo me había servido con su impertinencia.

Esta actitud comenzó desde muy temprano, para ser exacta a partir de la noche en que me acosté con él por primera vez en la orilla de la playa de Guanabo donde me cautivó con un estupendo y sensual modo de hacerme el amor. Primeramente habíamos conversado mucho en un quicio hecho de piedras y cemento, yo estaba sentada recostada a él de espaldas. De igual modo él, pegado a la pared me rodeaba con sus brazos hablándome al oído, asegurándome entre besos y caricias que yo era la mujer de su vida, la que le gustaba realmente.

Así estuvimos como una hora, luego nos pusimos a caminar por la arena descalzos, íbamos de la mano como sombras en la oscuridad de la noche insular, una noche común, al igual que otras con una clara luna y estrellas. Hundiéndonos los pies en el batido espumoso de las olas rotas que nos mojaban hasta los tobillos.

"Las mil y una ping..."

Todo estaba desierto, algunos pinos alcanzaban la franja de innumerables cocoteros que se extendían de manera irregular por la costa en grupos desorganizados fueron los únicos testigos del íntimo hecho. Cuando nuestros cuerpos desnudos por poco se funden en el encuentro sexual donde yo acostada lo recibí dichosa de poder sentir como él me amaba, con una extraordinaria pasión que nunca había visto, muy diferente a otros, pero sobre todo a La Estatua de Mármol. Teo me lo entregaba todo hasta la última gota sin parecer separar el deseo del amor que afirmaba sentir por mí.

Fatigado también después de consumar el acto se me desplomó encima pero ni así dejó de recordarme cuánto me quería, y lo importante que era para él haberme hecho suya.

A diferencia de La Estatua..., Teo orgulloso casi me exhibía, como si yo fuera un galardón. Incluso me di varias veces el gusto de pasearme muy abrazada de él frente a las narices de La Estatua de Mármol.

Quería que nos fuéramos a vivir juntos, sin embargo yo había resuelto dejarlo desde sus primeras muestras de posesividad, pero el chantaje de que le iba decir a Zafiro me frenó siempre. Nunca supe como sobreviví al sigilo constante de esperar que ella pudiera aparecerse en cualquier momento. Esto se agravaba cuando la veía casualmente en la calle sonriéndome y avisándome con afabilidad que pronto habría de pasar por mi casa.

- Es una probabilidad- me advertía Teo y me exhortaba a que le diera la cara al asunto- Es más, búscala y díselo todo de una vez.

- Claro que tienes que decírselo- reafirmaba La Albina – ¡Algún día se va a enterar! Yo soy de la misma opinión.

"Las mil y una ping..."

Esto último para mí era lo peor, tanto así que trataba de hacer lo que estuviera a mi alcance para que Zafiro jamás conociera nada de mi traumática relación con Teo.

Dos años después coincidimos estudiando juntas en una Facultad nocturna, ya ella se había casado con un muchacho de la Habana Vieja y tenían un par de jimaguas.

- Tienes una linda familia Zafiro- la elogié.

Sentadas una al lado de la otra, copiábamos sobre el pupitre algo de la pizarra, como en los viejos tiempos de escuela.

- Tu esposo es buenísimo- seguí ponderándola- ¡Debes quererlo mucho!

Si, lo quiero, pero nunca ha sido igual, ¡nadie es como Teo!- exclamó seria, rompiéndome el alma, enterrándome más la culpa que como un clavo caliente aún hoy llevo en mi pecho.

Entonces ya hacía como un año que yo había roto con él definitivamente. Me acuerdo que no me fue nada fácil dejarlo, muchísimas razones me amarraban a Teo por un fuerte nudo de confusiones sentimentales.
Es cierto que Zafiro siempre fue para mí un obstáculo que nunca supe salvar y que llegué a cansarme de todo el acoso y los chantajes que él se traía conmigo, pero también es cierto, valga la redundancia, que mi atracción hacia Teo era muy fuerte por lo que la ineludible separación no resultó inmediata. Fui poco a poco dejándolo de ver, aproveché mi mudanza para casa de mi abuelo como pretexto para estar menos a su lado. Nunca le hablé claro, siempre le daba falsas esperanzas, le pedía tiempo para pensar, y le creaba la extraña conciencia de que mientras más libre me dejara, más me iba a tener. Mi plan, de no finalizar aquello abruptamente, funcionó. Teo fue perdiendo lentamente terreno y dominio sobre mí, olvidándose sin darse cuenta de la obsesión de tenerme a toda costa quisiera yo, o no.

"Las mil y una ping..."

Capítulo 4

La historia sin fin.

Por la Radio las cosas marchaban más o menos igual. Gracias al apoyo de Nela logré trabajar intermitentemente como locutora en un programa estelar dedicado a entrevistar a nuevos talentos que se destacaban, músicos, actores, pintores, humoristas, escritores etc.

- El que tiene padrino se bautiza- me tiraba Justo Palomón indirectas haciendo abierta alusión al padrinazgo que me proporcionaba Nela.

No sólo él rabió de impotencia, también otras serpientes que formaban parte de aquel nido en que me di cuenta que estaba metida. La Víbora se convirtió en la más fuerte rival, era una joven actriz cuya figura pequeña, pálida e insignificante estaba presente en todo, como el arroz blanco en la comida cubana. Se las ingenió para sacarme del espacio donde ella hacía una de las principales voces.

La Víbora se había casado con Bruce un destacado actor y coreógrafo que le llevaba como veinte años pero que tenía mucha influencia en el medio. Valiéndose de esto me hizo un cerco que no abrió hasta que por fin se fue del país empatada con una lesbiana española por la que dejó al marido.

La Cascabel fue otra que bien sonó, una mulata medio tiempo que se creía la gran estrella de la Radio. Me enfiló los cañones sin ningún motivo,

"Las mil y una ping..."

formando intrigas y enredos en mi contra con el fin de que nadie me diera un chance para trabajar.

- Mientras yo viva ella no va a trabajar aquí, yo soy la reina de estos programas, por encima de mí nadie – blasfemó un vez en voz alta, sentada junto a su inseparable aliado Justo Palomón.

Lo que le sucedió a La Cascabel sorprendió a todos los que la escucharon hablar así de mí ese día, entre los que se encontraban La Lorenzo, La Musa y El Grato. Algo difícil de imaginar, la muy desgraciada se murió antes que se cumplieran veinticuatro horas de lo que había sentenciado sobre mí.

- Los médicos dijeron que fue un ataque al corazón – le contaba Justo a los colegas que curiosos querían saber - Ella no tenía ningún antecedente de este tipo – se lamentaba con pesar.

De esta manera el veneno sobre mi cesó por un tiempo, aunque abiertamente nadie me dijo nunca nada al respecto, se notaba un miedo secreto a que la crisis de la serpiente, es decir lo que le sucedió a la Cascabel se tratara de un divino ajuste de cuenta, un castigo sobrenatural o algo por el estilo.

En esa época fue cuando más trabajé. La primera en ofrecerme papeles fue La Tiñosa, que dirigía seriales infantiles. Era una simpática negra, entrada en años, que siempre usaba turbante amarillo y se enredaba en el cuello collares de cuentas coloridas, como si se hubiera hecho santo (14). Se decía que La Tiñosa era una de las mejores directoras artísticas y una excelente pulidora de jóvenes talentos. Sus propuestas para que le interpretara distintos personajes me asombraron, antes ni siquiera me había mirado.

De los muchos directores que habían solamente no recibí nada de Fraterno un viejo canoso homosexual que hablaba con demasiada finura, tenía a su cargo novelas históricas donde según él, casualmente los

"Las mil y una ping..."

personajes siempre eran masculinos. Creo saber por qué no nunca me dio oportunidad. Tal vez me veía como una amenaza, un estorbo que podía desviar la atención de alguno de los machos que mantenía empleados. De todos modos lo fastidié sin querer al hacerme uña y carne de El Zunzún, su actor preferido.

El Zunzún era un joven delgado, alto, de tez bien tostada y ojos carmelitas claros, recién graduado de la Escuela Nacional de Arte, muy optimista y ansioso de encontrar nuevos horizontes. El fue el que tomó la iniciativa de hacerse mi amigo, sin ton ni son, invitándome un día a que nos presentáramos juntos a un casting que preparaba el ICAIC (15)

Allá nos lucimos ante las pruebas de cámara, leímos varios bocadillos del guión, pero ninguno de los dos fue escogido para formar parte del elenco. Yo sabía que este terreno era mucho más fangoso que la Radio y que allí sí que se necesitaba de un buen Padrino, uno grande de verdad. El Zunzún no ignoraba esto, aun así me animaba a perseverar. Quiso que fuéramos a probar también a la Escuela Internacional de Cine y TV situada en San Antonio de los Baños y que creara, entre otras personalidades, el escritor colombiano Gabriel García Márquez. Donde se hacían aficionadas producciones y venían a estudiar y realizar cineastas de al menos cincuenta países del mundo.

- ¡Vamos chica, embúllate!- me exhortaba con su gracioso carácter – Allá le dieron a Pichi un protagónico y a nadie le importó que hubiera sido toda su vida un extra...(16) Se trata de la vida de una actriz que ...

Me contó el argumento con mucho entusiasmo, y sumó otras personas que habían agarrado papeles. A casi todos los conocía de vista, sobre todo al Pichi quien se pasaba todo el tiempo merodeando por los alrededores de estos lugares, y que años después protagonizara el polémico filme Fresa y Chocolate.

"Las mil y una ping..."

Por aquellos tiempos no conseguí nada más que no fueran papeles en la Radio y mucha proximidad con El Zunzún. Andábamos inseparables como un par de lunáticos por todo el Vedado, trastornándonos con fantásticas predicciones de quienes llegaríamos a ser el día de mañana.

- Serás muy famoso y hasta trabajarás en Hollywood – le profetizaba con niñería.

- ¡Y ti te veo como una gran escritora, con record de libros vendidos!- no se quedaba atrás en cuanto a los vaticinios.

A pesar de que siempre andábamos juntos, no lo planeábamos, coincidíamos diariamente. Nuestras andanzas después de las grabaciones eran impredecibles, hasta la cogimos por soñar en el Malecón, nos sentábamos en el muro, mirando hacia el mar, al atardecer, planificando como realizar nuestras aspiraciones artísticas.

Movíamos los pies constantemente contra la mohosa pared que daba al mar, como niños intranquilos, con las palmas de las manos apoyadas en la superficie. Así terminamos besándonos con ternura muchas veces, sin que incidiera nada previo, ni posterior. Nunca tocamos el tema del por qué lo hacíamos, aunque tampoco nos pasábamos de ahí.

No sé si fuimos predestinados para ser estrellas como queríamos, pero si para que nos ocurrieran cosas originales cuando estábamos juntos. Recuerdo que años después coincidimos en el portal del Cine Yara y quisimos entrar a ver una película, cuando nos viramos de frente después de haber leído la cartelera tropezamos con una pareja rubia que respondía en inglés a una periodista que tenía una cámara profesional de reportaje.

- Discúlpeme – le dije al hombre que casi pisé.

- No problema - me respondió con acento anglo.

"Las mil y una ping..."

- Son dos actores de Hollywood- nos informó la periodista con los ojos encandilados.

El Zunzún y yo los observábamos con insistencia, muy de cerca, pero la verdad no los reconocíamos, tampoco había nadie más allí, las pocas personas que pasaban, no se detenían, continuando su camino indiferentes.

- ¿De quiénes podrá tratarse?- le pregunté a El Zunzún quien se atrevió conmigo a sustituir la labor de la periodista robándonos la atención de los desconocidos Astros. Les preguntamos cómo se llamaban y algunas cosas más; lo básico que sabíamos en inglés, simplemente para alardear.

Nos respondieron con amabilidad pero tan pronto nos fuimos olvidamos sus nombres.
Al otro día en el periódico encontré una pequeña nota con una foto de los actores norteamericanos. La guardé. Poco tiempo después resolvimos ir juntos al estreno de la grandiosa película "Titanic" en el mismo Cine. Tan pronto empezó, El Zunzún y yo nos miramos con sorpresa al ver la misma cara del rubio que unos días atrás tuvimos delante de nosotros.

No sé si fue por ignorancia pero nunca supe nada de la supuesta actriz que lo acompañaba ese día, pero él era nada más y nada menos que Leonardo Di Caprio. Nos lo habíamos tropezado sólo un poco antes que la película se diera a conocer.

Después de tanto tiempo todavía me queda el suave sabor de los labios de El Zunzún y el vacío de las preguntas que no nos formulamos y que a menudo traté de llenar con hipotéticas respuestas con la intención de explicarme el por qué nos llevábamos tan bien como si nos conociéramos de toda la vida, de justificar aquellos inocentes besos, las animadas charlas, nuestra amistad profunda y al mismo tiempo informal, los bohemios paseos. No nos vimos nunca más y ni en esto hubo premeditación. Escuché

"Las mil y una ping..."

comentarios de que se había ido a vivir a Bogotá, aprovechándose de una oferta que le propusiera un productor colombiano para trabajar en Telenovelas.

Antes de Canelo, intenté descubrir en otros la pasión que antes había encontrado en Teo, sin que tuviera que lidiar con los contratiempos que éste me causaba, para por fin lograr una relación estable, hallar el verdadero amor como el que Nemo me ofreciera un día, pero fallaba una y otra vez, mis relaciones se redujeron a romances superficiales y pasajeros sin que hubiera llegado con ninguno a la intimidad.

Así mismo con El Fugaz, un trigueño que conocí en la playa al que le prometí, sin querer, villas y castillas que no pude cumplir porque mi sensibilidad femenina estaba carente de cualquier tipo de inclinación hacia él, que no fuera simple amistad. Claro que al principio me confundí, por lo que no fue mi intención decirle que andaba buscando hacía tiempo un hombre como él para compartir la vida, algo así como mi media naranja, pero con los días me di cuenta que nos faltaba química, al menos a mí para con él. Por tanto pronto se acabó lo de El Fugaz y cedí paso a El Alardoso con el que me sucedió casi lo mismo pero al revés, él fue quien me ilusionó bajándome el cielo y poniéndolo a mis pies a fuerza de palabras bonitas con las que también me hizo la cama en la que pronto caí inocentemente.
La suerte fue que justo ese día, en el preciso momento que comenzábamos me vino el período y no quise tener relaciones sexuales.

- Hay más tiempo que vida – le dije poniéndome de nuevo la ropa.

- Por supuesto- me respondió, con un poco de decepción.

No sé si El Alardoso contaba o no con las cualidades especiales que no vi en El Fugaz, o simplemente estas formaron parte de la incitación que me provocaban sus halagos. Era un mulatico claro, casi jabao [17], alto, con rasgos muy simpáticos. Le faltaba poco para terminar el Servicio Militar obligatorio. Lo conocí por Mickey Mouse, estaban reclutados en la misma

"Las mil y una ping..."

Unidad y además compartían el mismo hobbies: participaban en carreras de ciclismo.

Al otro día por la tarde escuché un familiar chiflido que venía desde afuera. No me cupo la menor duda que se trataba de Mickey Mouse. Me estaba llamando. Nos conocíamos desde niños y éramos amigos por innumerables razones que iban más allá de que hubiéramos crecido y estudiado juntos, entre ellas estaba que siempre fuimos vecinos, incluso en ambos barrios, cuando me fui para la Cruz Verde, su familia poco antes se había mudado hacia allá, precisamente frente por frente a la casa de Canelo. También Mickey Mouse era pariente de la esposa de mi Hermano El Australopitecos. Cuando salí enseguida me acerqué a él que estaba medio sentado en el triangular asiento de la ligera bicicleta con un pie en uno de los pedales y el otro en el piso. Me dio la impresión de que estaba apurado pero que le urgía decirme algo. No me equivoqué, enseguida habló ahorrándose el saludo.

- ¡El Alardoso es tremendo descarado!- exclamó con severo acento.

- ¿Qué pasó? - me preocupé gravemente.

- Dijo delante de todos nosotros que no se había acostado contigo porque tenías la menstruación.

Una gran vergüenza me enfrió la cara y debió dejarme blanca como una hoja de papel.

- ...Que tan pronto lograra lo que quería iba a terminar contigo – prosiguió - ...que la que le gusta de verdad se llama...

- No sigas, no sigas, por favor – le dije rabiosa.

"Las mil y una ping..."

- Yo le tiré un piñazo – me informó - Pero rápido me aguantaron. Cuando lo coja solo..., tú vas a ver lo que le hago.

Calmé a Mickey Mouse pidiéndole que no se metiera en problemas, y mucho menos por El Alardoso, que no valía la pena.

- También a mi me faltó el respeto – razonaba- Yo mismo te lo presenté y tu eres mi amiga. El Alardoso es una puta...

Aplacar a Mickey Mouse no fue cosa de juego. Tuve que darle mil quinientas razones para que entendiera que con la fuerza no se resolvería nada, ni aunque El Alardoso se retractara; lo dicho, dicho estaba, y ahora lo que nos tocaba era suavizarlo con el tiempo y la indiferencia. Que aquellos comentarios no hablaban de mi sino de el mismo Alardoso, de su falta de hombría y por tanto iban en contra suya y de nadie más; que la mierda mientras más se revuelve mas apesta.
A partir de ese imprevisto Mickey Mouse y yo confraternizábamos como nunca antes. Me montaba en el asiento trasero de su bicicleta e íbamos para acá y para allá. Hasta llegué a visitarlo a la Unidad Militar cuando no le daban pase. Fue como si de pronto nos replanteáramos cuan amigos éramos.

En mi caso me sentía muy agradecida de que hubiera sacado la cara por mí y orgullosa de saber cuánto me valoraba. Solamente dejé un poco la juntamente con él al probar un absurdo noviazgo con El Peregrino, un hermano de El Cuerno por el que no sentía nada. La Albina me lo metió por los ojos atestiguándome que era como otro Nemo: trabajador, simpático, noble y con un alto concepto de la familia, incluso más maduro porque tenía como veinte y tantos largos años. Tal vez era como me decía ella pero a mí no me gustaba.

- Nada es completo – me afirmaba - El roce hace el cariño.

"Las mil y una ping..."

No puedo decir que no lo intenté, anduvimos un tiempo como dos tortolos, me visitaba a menudo y conversábamos mucho. Trabajaba en el sector del turismo al igual que El Cuerno, por lo que su economía era mejor que la de cualquier ciudadano común. Tenía interesantes temas de conversación y gran sentido del humor. Físicamente se asemejaba al Cuerno, un castaño bastante común, ni muy muy ni tan tan.

- Tienes que profundizar más – me recomendó La Albina- Nunca vas a lograr que te guste si no pruebas. Siempre te he dicho que con probar no se pierde nada.

Otra vez el consejo que tanto me fastidiaba, no obstante él se había comportado elegantemente conmigo por lo que dejé que nuestros encuentros a solas fueran un poco más comprometedores, permitiéndole caricias más acentuadas. Aun así no hubo manera. El Peregrino me simpatizaba y su compañía me resultaba grata, sin embargo no pude ir más allá. Conscientemente lo amaba, inconscientemente no. De este mismo modo se lo expliqué y él lo entendió civilizadamente.

A El Magnífico lo conocí ya viviendo en la Cruz Verde. Nos habíamos reunido un grupo de amigos para compartir un poco, entre ellos se encontraba Mickey Mouse y su nueva novia, Cara de Luna. Que dicho sea de paso también estudió conmigo. Fue una época difícil para todo el mundo desde el punto de vista económico, solamente subsistían los que se relacionaban con el turismo y aquellos que tuvieran altos puestos administrativos en el comercio y la gastronomía y podían desviar recursos y revenderlos, por supuesto también los que tenían familiares fuera del país. El Magnífico era uno de ellos. Su familia en USA lo ayudaba muchísimo, tanto así que hasta andaba en una moto moderna. Igualmente era un jabaito de pelo cobrizo acaracolado y ojos verdemar. Comenzamos el romance desde ese mismo día ya tarde en la noche cuando me trajo de vuelta. Me bajé sonriente mientras él se quedó encaramado encima del bellísimo vehículo que rápidamente apagó. Estorbaron las palabras y se facilitaron unos besos con los que acepté la preciosa relación que tuvimos.

"Las mil y una ping..."

Se nos veía junto por dondequiera y no fueron pocas las personas que elogiaron la bonita pareja que hacíamos.

- ¡Parecen sacados de una revista! – exclamaba La Albina con diplomático alivio, como si la deuda que tenía conmigo hubiera quedado saldada.

Fueron varias las ocasiones que El Magnífico me socorrió en mis escases materiales, me daba dinero cuando no lo ganaba en la Radio, me asistía en cuanto a calzado y ropas. Aunque lo más notorio fue que me ofreció matrimonio, quería, de una manera inusual guardar el contacto sexual para el momento en que se hiciera mi esposo.
Me decía que no era para nada conservador, sino que yo le inspiraba lindísimos sentimientos de pureza y al mismo tiempo una gran curiosidad que no quería tronchar tan fácilmente. Estaba realmente embullado y yo también, todo hubiera salido genial sino contara en esta historia con la maldita hora en que me fijé en Canelo. Todavía estaba comprometida con El Magnífico cuando le confesé al otro lo que sentía por él, en un impulso desastroso e irracional iniciándome así en una de las etapas más complicada de mi vida.

Claro que El Magnífico no sabía nada de mi inconcebible decisión de empezar con Canelo sin haber terminado con él y mucho menos que nos habíamos ido a la cama muy pronto sin que hubiéramos llegado siquiera a ningún compromiso verdadero. Nunca lo sospechó ni aun cuando sin un sólido pretexto le dije que ya no quería más nada con él.

- ¿Por qué? Se quedó atónito.

Aunque ya vivía en la Cruz Verde, esa noche estaba en mi casa, acomodando mi cuarto cuando llegó él.

- Es que estoy confundida, quiero estar sola por un tiempo.

"Las mil y una ping..."

- No entiendo nada - decía anonadado pero tranquilo.

Se alzaba frente a mí con su impecable presencia personal, muy distinta a la incorrecta de Canelo.

- Sabes lo que siento por ti, no juegues conmigo.

- No estoy jugando. Necesito tiempo...

- ¿Tiempo para qué? ¿Estás o no enamorada de mí? – me precisó delicadamente.

No supe de momento que responderle, un no rotundo hubiera resultado inadecuado, porque no era tan así. Tampoco correspondía un sí. Yo misma no podía entenderme. Aun hoy no puedo darle una interpretación lógica a los hechos ni he decidido con que cristal mirar las cosas.
Eso sí, no me juzgo o trato de justificarme, sólo quiero saber la exacta razón por la que decidí sin un claro sentido a tener sexo ese mismo día con él, cual si fuera una deuda que pagaba o quizá un acto de despedida con el que se le dice adiós a un hombre especial de los que no se repiten mucho en la vida. El caso fue que me entregué a él de la misma forma que lo hubiera hecho en el esperado y supuesto día en que contraeríamos matrimonio.

Aprovechando que no había nadie nos tiramos al suelo, avanzando sin prisa hacia la intimidad como si ese fuera el único instante que tenía para amarlo realmente y dejarme amar por él. Ignoro como leyó el suceso pero se marchó tranquilo, probablemente con la esperanza de que yo le diera marcha atrás a las cosas. Por mi parte hacía una lectura comparativa. Deletree en todo momento un vacío que sin que pudiera explicármelo ahora sólo llenaba Canelo. Todo difería, hasta los besos.

Estoy segura que El Magnífico era un buen amante, tan ardiente y apasionado como el que buscaba; lo miraba ese día con insistencia pero no

"Las mil y una ping..."

lograba verlo realmente. Ante mí se evocaba la impetuosa escena con Canelo, arriba, en el piso de madera de su cuarto en la barbacoa (18) yo sentada encima de él de frente, ambos desnudos, sudorosos por el calor y la excitación, despedazándonos. Aun siento hasta la tímida brisa que entraba por la ventana de hojas abierta de par en par, por la que también se colaba el resplandor de la luz de un viejo poste de madera. Y todavía veo hacia la otra ventana, entrecerrada, oscura que quedaba al lado de la de Mickey Mouse, la de los Jimaguas. Allá se asomaban unas sombras como fantasmas que me asustaron muchísimo. No me cabía la menor duda, estaban contemplando descaradamente como nuestras siluetas se templaban en la penumbra.

- Nos están mirando – le avisé asustada y me tumbé al suelo.

Él no se inmutó para asombro mío, sólo se tiró despacio a mi lado para proseguir.

- Cierra la ventana – le ordené
- Hace mucho calor - respondió decidido a no complacerme – Nadie nos está mirando, son ideas tuyas.

Levanté despacio la cabeza entornando los ojos para asegurarme de lo que me afirmaba, pero ya no vi nada. Entonces tuve miedo que se tratase de espectros.

- Concéntrate en esto – me decía mientras acostado me atraía hacia él.

Así concluyó la noche; él se desahogó por fin y se quedó dormido sin saber que fue de mí. No obstante estaba feliz de tenerlo a mi lado quieto mientras yo descansaba la cabeza repleta de lo que me decía la gente, en su pecho, construyendo maravillosos planes para demostrarles a todos que yo podía hacerlo cambiar. Ya no ignoraba ninguno de sus pasos, es mas tenía los oídos abarrotados de frases: como que era un adicto a las pastillas y al

"Las mil y una ping..."

alcohol, un mujeriego, que no valía la pena, ni él ni los que se juntaban con él, que iba a ser el peor fracaso de mi vida, que estaba perdiendo el tiempo, que me iba a pegar los tarros con malanga y su puesto de vianda, que nunca me iba a valorar y un sinfín de cosas más que ya ni recuerdo.

- Canelo es la última carta de la baraja - opinaba La Albina – El Peregrino no te quiere ni ver, dice que no puede creer que hayas caído en eso. Ni yo tampoco la verdad.

Absolutamente nadie comprendía mi adoración por Canelo. Yo lo veneraba como si fuera un ángel e iba orgullosa de su mano por encima del qué dirán, no me importaba nada, hasta enfrenté la mirada desdeñadora de El Magnífico cuando nos vio juntos, y sus comentarios, que me los contó Mickey Mouse, de que yo valía tan poco como él y que como mujer no merecía la pena ¡Quién se creía que era! ¡Yo si valía mucho!, y Canelo solamente necesitaba una guía, una persona que lo quisiera de verdad.

Canelo vivía en la céntrica calle Estrada Palma, Frente por frente a casa de Mickey Mouse. Su vivienda era un eslabón más de la cadena de casuchas azulitas con paredes comunes cuyas puertas carmelitas daban directamente a la acera estrecha y transitada por la que un tiempo atrás yo había abierto un surco tratando de encontrármelo de casualidad. En ese entorno no sólo giraba Mickey Mouse sino también El Magnífico. Realmente aquí se encontraba ahora el centro de mi universo.

El primer día que entré a su casa de me llevé muy mala impresión, había tremendo reguero de objetos en el suelo, simulaciones de frutas, flores plásticas, adornos que yacían en el piso junto con los juguetes de tres niños pequeños que traveseaban en derredor, de entre dos y cinco años, el más chiquito no paraba de llorar. Seguí a Canelo con cuidado de no pisar nada, cual si fuera una trapecista caminando por la cuerda floja. El padre de los chiquitos, en piyama y sin camisa casi estaba tumbado encima de la mesa del comedor que todavía estaba a unos seis pasos de distancia. Me miró y alzó un vaso con alcohol, como si estuviera brindando, pero era un saludo.

"Las mil y una ping..."

Una joven de unos veinte tantos años vino a socorrer a los muchachos, limpiándole los mocos a uno, quitándole algo de la boca a otro y consolando al llorón, me movió la cabeza y soltó un:

- ¡Hola! -Tan insignificante que me sentí mal.

Sonó el timbre de la puerta, entonces otra mujer medio tiempo salió de no sé qué parte de la casa y me pasó por delante como un bólido, abrió, ya no había nadie. En una rabieta arrancó el botón del timbre dejando los cables colgando.

- Ya está bueno de tanta jodienda – protestó- Todas esas tipejas del albergue el día entero buscando a Canelo.

Yo estaba al esfumarme de ahí. Por supuesto que se refería al refugio cercano donde vivía la gente que no tenía casa. Muy famoso por las condiciones de promiscuidad en que convivían los alojados y la pésima situación de higiene, las peleas y muchas cosas. El caso era que el sitio contaba con muy mala reputación.

- Hey, Hey – reclamó Canelo la atención de la mujer cuando se disponía a desaparecer por alguna puerta de la casa – ésta sí que es mi novia.
-

La mujer se detuvo y sólo ahora reparó en mí. Se trataba de la madre. Me recorrió de arriba abajo con una desconfianza que no comprendía al menos no en ese momento. Le extendí una mano presentándome y le sonreí ligeramente.

- El gusto es mío – respondió un poco más tranquila. Después desapareció detrás de unas cortinas estampadas.

Entre la joven de los tres niños y yo creció una gran amistad, le llamaban Yiya, y era su hermana.

"Las mil y una ping..."

- ¿Qué le viste a Canelo? - me preguntó un día mientras la ayudaba con el bebé.
- Lo mismo que le han visto las otras- respondí sonriendo con ingenuidad
- Pero tú eres distinta – me aseguró - Trabajas en la Radio, escribes...

Al lado de Yiya me sentía bien, diría que hasta importante, me miraba con admiración, siempre me repetía que yo era diferente en cuanto a mi refinado modo de ser y de comportarme. Escuchaba con atención mis actividades en la Radio y luego me hacía muchísimos comentarios.

- Tienes una vida por delante - me revelaba reiteradamente como un consejo que le salía del alma - Al principio pensé que eras una más de las que Canelo acostumbra a subir a la barbacoa.
- Tú también tienes un porvenir Yiya - le afirmaba con dulzura.

- Yo sólo me he dedicado a parirle a un hombre que no me merece – exteriorizó con cruel franqueza – que se pasa la vida bebiendo y con mujeres por ahí- agregó

Hizo silencio y caminó hasta el pequeño patio de cemento, donde los pañales blancos como cocos resplandecían colgados en una tendedera de soga ante un sol radiante de domingo. Yo la esperé, no me quedaba de otra, andaba con el lloroncito en los brazos. Dormido me pesaba más. La veía de lejos tenía el vientre abultado por las veinte semanas de gestación. Sí que era bonita a pesar de todo, y sus rasgos eran la versión femenina de los de Canelo. Regresó con su andar delicado trayendo una sábana con la que cubrió el hule de la cuna. Me quitó el niño y lo acostó.

- Canelo ha secundado a mi marido en sus andanzas - me informó con una sonrisa irónica, rompiendo el inusual silencio que había ahora en la casa, su resentimiento estaba a flor de piel.

"Las mil y una ping..."

No dije ni pio, quería que se volviera a callar, que no me confesara nada que tuviera que ver con Canelo, no estaba preparada para escuchar semejantes barbaridades, pero prosiguió.

- No quiero que te pase lo mismo - me manifestó mientras tapaba al pequeño – después es muy difícil salirse.

Me hizo una seña para que la siguiera hasta el botiquín del baño y con destreza abrió un cartucho lleno de tabletas de Fenobarbital.

- Esto lo toman los dos, y se lo echan a la bebida.

Poco me faltó para que cerrara los ojos y me tapara los oídos.

- ¡Guerra avisada no mata soldado! - concluyó al menos por ese día.

Como nadie escarmienta por cabeza ajena, seguí adelante con Canelo en sus continuos viajes hacia el error. Lo acompañé a lugares que nunca hubiera pisado, como el Tulúm, un club-bar de mala muerte donde se reunía la crápula de los alrededores, donde no pasaba ni un día en que las cosas no terminaran como la fiesta del Guatao, con resultados a veces mortales. Allí, a media luz, nos sentábamos en una de las mesas. Antes de beber el primer trago Canelo vertía un poco en el piso, decía que para sus espíritus protectores, que eran los que lo cuidaban de las cosas malas, luego bautizaba la bebida con las pastillas previamente convertidas en polvo. Enseguida los ojos se le entrecerraban y se veía feliz charlando con los hermanos Sapito y Sapón, dos prietos, que eran sus mejores amigos. A ellos nunca los vi echarle nada a la bebida, pero siempre andaban enredados en serias peleas con otros de su misma calaña.

- Prueba esto – me ofreció una noche su vaso.
- No - le dije suave pero firme - Yo sigo con el refresco.

"Las mil y una ping..."

- No te hagas más la fina - se burlaba imitándome – Prueba – insistió.

Me negué, pero él se empinó del vaso y luego me besó vertiéndome en la boca un gran sorbo del contaminado líquido que siguió inyectándome a base de besos. Empecé a sentirme rara, como nunca en la vida, un confuso bienestar me hacía verlo todo color rosa, nada me daba vergüenza, ni siquiera me importó ponerme a besuquearme y apretujarme con él en un rincón del local ante las miradas ebrias y morbosas de los jimaguas y del marido de Yiya. La de este último la guardo en mi mente como algo inverosímil. El humo de los cigarros, que antes me asfixiaba, ahora era como oxigeno, y la música alta y tormentosa me sonaba como un canto angelical en los oídos. Ni siquiera tomé conciencia de lo que realmente sucedió esa noche en que volaron vasos y cuchillos cerca de nosotros. Únicamente tengo el vago recuerdo de Canelo tomándome de la mano y encerrándose conmigo en el baño. Después, como un flechazo me veo con él huyendo calle arriba hacia su casa.

Mi entusiasmo por este hombre dio como resultado que descuidara a mi tía-abuela materna Amelia, otra de las razones por la cual me había ido a vivir a la Cruz Verde. Entonces retomé mis responsabilidades y planifiqué dormir con Canelo sólo los fines de semana.

Una noche nos despedíamos en el pasillo de piedras y tierra que antecedía la vieja vivienda de madera que fabricara mi abuelo en el año de la corneta. Contaba con cuatro compartimentos iguales, nunca tuve claro cuáles habían sido hechos para los cuartos, la sala, comedor o cocina. Todo el piso estaba tapizado con primitivas lozas. Así mismo el baño que quedaba atrás, afuera, en el patiecito, levantado con tres paredes de ladrillos y como puerta una cortina de nailon negro.

Cuando entré me llevé tremendo susto al ver, inesperadamente, la figura estrujada de Amelia frente a mí, sujetando una plancha en la mano. Vistiendo una ligera bata de casa que ponía al descubierto la mayor parte de

"Las mil y una ping..."

su cuerpo Alto, con el lomo encorvado y la piel colgándole como hollejo manoseado, desde los pies hasta la cabeza el cabello blanco le pendía descuidado dándole la apariencia de una auténtica bruja. Tendría unos setenta años y ni así dejaba de planchar ropa para los clientes que a veces le ofrecían una paga injusta.

- ¿De verdad eres tú? -

Me preguntaba lo mismo todos los días. En su trastorno mental me veía como una farsante que se hacía pasar por mí.

- A lo mejor no es ella y me está mintiendo – le dijo a un invisible con el que siempre conversaba y la mayoría de las veces terminaba discutiendo como si realmente se tratara de un interlocutor.
- Soy yo Amelia, mírame – le aclaraba.
- No me engañes – me advirtió – que tengo algo para ti.

Por fin puso la plancha caliente en la tabla para luego llevarse las manos a la cintura en actitud de reproche.

- ¿Dónde te metes? te esperé todo el día y tú sabes que tienes que cuidar la casa para yo poderle ir a llevar la comida a mi hermano al cementerio.

Se refería a mi abuelo quien hacía ya un tiempo que había fallecido.

- Amelia, por Dios tu hermano está muerto y bien enterrado - le decía con los pelos de punta.
- Te equivocas - me rebatía con firmeza – Él está vivo, respirando por un tubito.
- ¿Qué tienes para mí? - le pregunté vencida, cambiándole el tema.

"Las mil y una ping..."

- Una carta que te dejó una tal...

Imposible que recordara algún nombre que no fuera el de las personas más próximas a ella. Enseguida se dirigió a una antigua mesa de noche sobre la que no había nada más que un viejo porta retrato que sostenía la amarillenta foto de ella hacía como treintaicinco años atrás. Sonreía hermosa, con el rostro impecable como el de la más flamante estrella del cine mexicano de los años cincuenta. Las cejas negras, anchas, depiladas perfectamente, así el cabello brillante y bien peinado.

La belleza de Amelia fue fantástica, como también lo fue su pasado que se corría de boca en boca y de de generación en generación. Decían que se había enamorado perdidamente de un hombre casado al que enloqueció con sus encantos y que éste abandonó su familia por ella. La esposa al saber la verdad se prendió candela, antes de morir la llamó a su lecho de muerte y la maldijo diciéndole que iba a vivir atormentada hasta el final de sus días y sintiendo en sus entrañas el mismo ardor que ahora sufría en su cuerpo a causa de las quemaduras.
No sé hasta qué punto aquello se trataba de un embrujo, pero lo cierto es que Amelia estaba totalmente loca y no pasaba ni un día sin que se quejara de que le ardía el estómago como si un fuego la estuviera devorando.

Supongo que el amante la abandonó después que cayó en tal estado. Así la recuerdo desde que tuve uso de razón. Yo la quería mucho y le tenía lástima, no me pesaba cuidarla, aun sabiendo que los demás en mi familia me soltaron toda la carga, evadiendo su parte. Es más en el fondo hubiera querido haber vivido con ella siempre. En definitiva me hubiera ido mejor que con mi mamá. Así al menos no hubiera presenciado escenas en mi niñez que jamás he podido arrancar de mi memoria, como la de la casa desconocida de Cojimar donde había una fiesta, yo jugaba con otros muchachos cuando de pronto mi vista se posó en un cuadro dramático, por lo menos para mis ocho primaveras... mi madre sentada sobre las piernas del moreno aquel... mientras tomaban ron...

"Las mil y una ping..."

Las imágenes se me borran a fuerza de angustia y regresan sucesos parecidos con otros hombres. Evoco mi silencio inaguantable ante el Willy cuando regresaba de las provincias... y mi llanto explosivo, solamente consolado por Alí Babá, que en gloria esté, a quien sí le contaba todo lo que veía de mi mamá.

Por Alí Babá se me metió en el cuerpo el bicho del arte como un alíen que me creció desde muy temprano en la vida. Era un viejo actor de Radio, Telenovelas, Teatro y Cine, ya tendría como sesenta y tantos años, sus magníficas interpretaciones lo llevaron a la popularidad desde su juventud. Todos lo llamábamos por este sub-nombre desde que caracterizó el tradicional personaje. Lo conocí cuando tenía diez años, en el mercado donde mi mamá trabajaba, en plena rabieta porque no quería ir con ella a una "diligencia" entonces él y su esposa se ofrecieron para quedarse conmigo las veces que ella tuviera que "resolver" algo. Me llevaba con él a las grabaciones de la Radio y a las filmaciones de aventuras y novelas, siempre pidiéndome que me mantuviera en silencio para que no lo regañaran, les decía a todos que yo era su nieta... Me daba los guiones para que corroborara que se había aprendido bien sus bocadillos, y para que me olvidara de los traumas vividos me consiguió un taller de arte, donde junto a otros niños aprendía todo lo relacionado con la escena, también me daban lecciones de música, pintura, escritura, en fin...

Mi mamá se llevaba bien con Alí Babá, a pesar de todo, le gustaba la farándula, ella misma se había relacionado estrechamente con cantantes de su época como Orlando Contreras y Vallejo, con este segundo tuvo hasta un corto romance y con José Tejedor otro, sirviéndole de inspiración para algunas de sus canciones. Con Tejedor la vi en muchas fotos y en mi casa recibí un día a Luis, su compañero de dúo, ya muy viejito, preguntando por Milagros (mi mamá.) También la vi fotografiada con el Benny Moré que era su gran amigo del que me decía que de no haber sido por el alcohol y la marihuana todavía estaría vivo. Entonces mi mamá se veía más joven y esbelta, ahora ya su rostro había tomado un aspecto de papel estrujado ¡Un día terminaría hecha una pasa, como Amelia! Nunca le importó la adopción

"Las mil y una ping..."

que me hiciera Alí Babá. De este modo ella era más libre de hacer y deshacer lo que le viniera en gana, ya que yo representaba su única atadura, mis hermanos eran varones y más grandes, por lo tanto más independientes.

Al fin Amelia me dio el mandado. Era un sobre sin remitente que decía mi nombre. Lo abrí curiosamente, no sin antes darle sus medicamentos para que calmara la algarabía que tenia formada con la persona invisible. Luego tranquila se fumó un cigarro y se quedó dormida.

Lo abrí curiosamente y lo primero que me saltó a la vista fue la dedicatoria.
"A mi muñequita de porcelana"

Se trataba de una conmovedora carta de Papillón en la que me pedía de favor que fuera a verlo, que sólo pensaba en mí y que me necesitaba. Que lo perdonara por las heridas que hubiera podido causarme y que le diera la oportunidad de construir un mundo diferente para mi tan pronto él saliera de la cárcel. Que se sentía como un gorrión encerrado a quien sólo le queda morir de tristeza tras las rejas. Que mi presencia le haría respirar un tanto de libertad y esperanza.

Las letras de Papillón no me dejaron dormir. En lo más profundo de mí ser sentía pena, compasión. Sabía muy bien que no era por mí por quien estaba cumpliendo esa condena, sino por la tal Mabel, por querer complacer todos sus caprichos.

- ¿Y ahora dónde está ella? – le pregunté a La Albina en una ocasión.
- Lo dejó embarcado – me respondió – tienes que ir a verlo a pabellón el sábado en la mañana. (19)

- ¡No voy a hacer eso, no estoy loca!- exclamé

"Las mil y una ping..."

- Yo estuve allá y le prometí que tú ibas a ir. No me hagas quedar mal, ni a él tampoco que te va a estar esperando.

- ¿A quién le vas tú Albina? Pareces amiga de él, no mía.

- Soy tu amiga y por eso te digo que vayas con él. Todos tenemos derecho a recapacitar. No te niegues, anda. Un favor se le hace hasta a un perro, recuerda.

La Albina estaba realmente empecinada en que yo fuera a ver a Papillón, a servirle incluso de instrumento para saciar sus necesidades de hombre. Deber que a mí no me tocaba y ella lo sabía perfectamente, como también sabía todo el daño que me causaba con su mala influencia. O quizás no estaba consciente de eso.

A pesar de todo no podía dejar de quererla. Crecimos juntas y aprendí a verla como la hermana que nunca tuve, la inseparable amiga, imperfecta, pero amiga. El paño de lágrimas que enjugaba todas mis penas. Aunque los hechos me demostraban lo nociva que me había resultado, el extraño cariño que le tenía terminaba siempre venciendo el resentimiento. Me era imposible echarla a un lado porque, sin darme cuenta, dependía de ella emocionalmente, para bien o para mal.

- Él no me merece – repliqué
- Canelo te merece menos – me escupió la frase en la cara. Yo sabía que algo más ella quería decirme.

Esperó tranquila, casi inamovible, aguardando como una serpiente el momento propicio para atacar. Cuando ya quise explotar de la intriga destiló el veneno.

- Canelo te está pegando los tarros con Coffee Make.

"Las mil y una ping..."

- ¡Qué tú dices!- exclamé asombrada.

Conocía muy bien a Coffee Make, era una mulatica media regordeta, hija de Bebé, el Babalawo más conocido de la Cruz Verde, que además estaba jurado [20]

Ciega de ira me fui a buscarlo a su casa dejando a La Albina plantada. Y lo encontré callado, cosa inusual en él, frente a su madre y a Yiya. Estaba segura que interrumpía alguna conversación delicada.

- ¡Así que con Coffee Make! ahora vamos a hablar como seres racionales - lo acorralé sin importarme nadie.
- ¿Quién es Coffee Make? – sonrió con descaro. Pocas veces logré que me hablara serio.
- Te exijo una explicación Canelo, así que más te vale que conversemos en serio.

Me desesperaba con sus ademanes de burla. Se reía de mi léxico, según él apenas entendía las palabras bonitas que usaba para hablar.

- No seas novelera – prosiguió sonriente – ¿Y ahora que chisme te metieron de mi?
- Fíjate lo que te voy a decir – intenté amenazarlo, ya tenía el dedo índice apuntándole cuando Yiya me tomó por un brazo y me hizo subir a la barbacoa.
- No me dijiste nada de Coffee Make – le reclamé injustamente a la hermana.
- No sé nada de eso. El problema tiene otro nombre y es mucho más grave que cualquier cosa ¡Se llama La Puérpera!

Me quedé boquiabierta con todo lo que me contó. Resulta que Canelo había tenido una relación informal y poco duradera con otra aparte de Coffee Make. La Muchacha quedó embarazada y...

"Las mil y una ping..."

- En mi opinión La Puérpera lo hizo adrede. ¡Como si así fuera a amarrarlo – se expresaba Yiya con desdén sobre la recién parida – pero ahora que nació la niña él tiene que asumir y darle los apellidos. La criatura no tiene la culpa.
- ¿Por qué no me lo dijiste? – le reclamé.

Esto sí que estaba duro para mí. Una mujer en el hospital Gineco-obstétrico esperando a que él diera la cara a la situación, más el descabellado matrimonio con Coffee Make.

Bajé las escaleras casi sin tocar los peldaños y me dirigí a la puerta.

- Espérate. ¿A dónde vas? – Me preguntó él como si nada estuviera pasando. Ni aun en ese instante le vi seriedad en su rostro para conmigo.

Me fui prometiéndome a mi misma que nunca más iba a caer en semejante bache.

- Pinga y disgusto fue lo único que supo darte – resumió La Albina refiriéndose a Canelo.

Esto me lo dijo la noche del viernes mientras me entregaba una carta y algunas cosas para Papillón.

Impulsada más por el despecho que por la compasión caí como mansa paloma en bandeja de plata sobre la cama de Papillón quien me miraba perplejo como un niño al que le traen un juguete.

- ¡Qué linda estás hoy! - exclamó con exaltada emoción.

"Las mil y una ping..."

Lo contemplé largo rato. Ahora su belleza estaba opaca de tanto encierro. Lucía pálido, y hasta el azul de sus ojos se tornaba gris. El pelo muy corto, la sonrisa triste. Vestía ropa típica de recluso; camisa y pantalón holgado. Yo también estuve como presa por aquellas horas. Antes de entrar me habían revisado hasta el culo. Luego me encerraron con él en una celda hermética donde no había ni una abertura que me diera la oportunidad de saber qué estaba pasando allá afuera, no había nada, excepto un camastro de hierro con un delgado colchón encima cubierto por sábanas blancas. Allí mismo me lancé resuelta a ofrecerle mi cuerpo.

- No eres ya la misma - profirió tan pronto terminamos de estar- ¡Estuviste muy fría!

- Vine por puro compromiso - fui cruel pero sincera.

Debió llenarse de mucha paciencia para mirarme largamente sin decir nada y cuando habló ni siquiera hizo referencia a lo que le había dicho.

- En pocos meses salgo de aquí – me informó animado – voy a empezar una nueva vida contigo… Compraremos una finca y allí vamos a vivir como reyes, a tener de todo.
- ¿Cómo, con qué dinero? - le pregunté curiosa.

Todavía yacíamos desnudos en la cama, uno al lado del otro, mirando al techo de asbesto-cemento.

- Con el que vamos a hacer en la Playa de Varadero – me aseguró tranquilamente – sólo tienes que dejarte guiar por mí.

A buen entendedor con pocas palabras basta. Sabía muy bien por el camino que venía pero me quedé callada.

- No tienes la más mínima idea de lo que pagaría un Pepe [21] por ti – me soltó con especial serenidad – lucharemos juntos incluso para salir adelante, para irnos de este país y perdernos

"Las mil y una ping..."

de toda esta miseria. El fin ha de justificar los medios que vamos a usar.

"Las mil y una ping..."

Capítulo 5

A los pies de Orula.

La Cruz Verde era un barrio particularmente marginal, incluso más que el mío. Las calles estaban llenitas de baches, y la mayoría de las viviendas se ubicaban en solares (22). Precedidos por alguna casa vieja de Madera a la entrada de cada pasillo, a las que le seguían las otras improvisadas y solamente separadas por paredes intermedias.

   Subía por la calle San Andrés con la cabeza hecha agua a causa de la telaraña que pretendía tejer Papillón en mi vida.
Ya a esta hora habían quitado la electricidad como casi todos los días, pero aun no había oscurecido del todo y podía ver con claridad el mismo panorama de siempre. Descubrí a La Sifilítica saliendo de una casa despacito. Sabrá Dios ahora que se habría robado, mas adelante escuché al marido de la doctora de la Posta Médica (23) llamándome para que viera unos jabones caseros de lavar que estaba vendiendo a diez pesos.

- Estos sí que están buenos, ven a verlos, hacen mucha espuma y tienen tremendo olor, hasta se pueden usar para bañarse – me pregonaba desde la acera donde estaba sentado.

  Me acerqué a ver con la ilusión de que estos tal vez no tendrían tanta potasa y me sirvieran para lavarme la cabeza. El champú no aparecía ni en sueños. Una vez frente a él no vi los jabones por ninguna parte.

- ¿Pero dónde están? - pregunté

"Las mil y una ping..."

El hombre buscaba por todos lados, sin encontrar ni rastro. Enseguida se puso a vociferar y a reclamar acusando al Tuerto, un prietecito que tenía una nube blanca en un ojo. Comenzaron a pelear. Yo seguí mí camino sin inmutarme porque ya estaba acostumbrada a todos esos espectáculos: La Cruz Verde más que un barrio era un marginal campo de batalla donde se formaban tremendas trifulcas, incluso a machete, por cualquier cosa. Cierto día hasta se escuchó un disparo, fue la bronca más seria que me viene a la memoria, y todo sucedió por un bombillo agarrado de unos cables pelados, que se robaron de un portal de una de las casas aledañas.

También la marihuana daba al pecho. No sé de dónde la sacaban, pero en las noches el olor se me colaba en la casa por las rendijas de las paredes de tabla inundándolo todo. Cuando doblé la esquina me encontré al El Corcel y a Quirúrgico, éstos eran los únicos que apreciaba en aquel suburbio, se habían convertido en mis dos grandes amigos.

- Canelo te está esperando – casi dijeron a dúo.

Se me aflojaron las piernas de lo nerviosa que me puse, en lo más profundo de mí ser saltaba en callada alegría, deseaba tanto verlo, abrazarlo, perdonarlo por todo lo que me estaba haciendo sufrir. Ahora sí que lo iba a precisar, tendría que prometerme cambiar si quería que volviéramos a estar juntos, y además jurarme que lo de la Coffee Make era mentira, y explicarme muy bien como fue eso de una hija que le había nacido, aclararme que no fue su culpa. También le iba a exigir que dejara las pastillas, que se olvidara del Tulúm y de las malas compañías.
Una vez frente a él le reclamé todas estas cosas, casi sin respirar. El me miró impávido como si no me hubiera estado escuchando.

- ¿Cuántas veces te lo ensayaste? - bromeó burlonamente.

"Las mil y una ping..."

- No estoy jugando, esta vez todo tiene que cambiar, no te voy a permitir que sigas suelto y sin vacunar por ahí, haciendo de las tuyas por donde quiera que pasas – le advertí.

Me hizo ciento una promesas y me ratificó engreído que yo tenía el lugar en su vida que ya otras hubieran querido tener, incluso que si no me había ido a vivir con él definitivamente era porque yo misma no quería, y porque tenía que cuidar de Amelia.

- Vine a buscarte porque realmente me interesas - me expresó con cierto ademán grave, pero ni aun así creí en su seriedad.

La reconciliación no se hizo esperar. La separación sólo sirvió para regresar con más impulso, ya no sabía si sería capaz de sacar a Canelo del fango o iba él a hundirme a mí irremediablemente.
Nos marchamos tomados de la mano, pero no fuimos al Tulúm, ni dimos muchas vueltas en la calle, me llevó directo a su casa.

- Cierra la ventana - le pedí como otras tantas veces, en la semi penumbra de la barbacoa.

- Ah, hace calor chica, déjala así, nadie nos va a ver – me respondió lo mismo de siempre.

Últimamente le había dado porque caminara desnuda por toda la habitación antes de hacerme el amor. Yo lo hacía con gusto, para complacerlo, modelándole despacio y contemplándolo acostado con su sonrisa simpática y su cara de niño travieso.
Esa noche volví a ver los espectros en la ventana de los jimaguas. Intenté cubrirme los senos con las manos y me agaché rápidamente.

- Me están mirando – le dije asustada.

"Las mil y una ping..."

Se incorporó un poco y se dejó caer nuevamente en la cama, entornó la mirada en un gesto de hastío.

- No veo a nadie – afirmó. – Dale de nuevo Juana con la palangana.

Otra vez miré y en verdad que ya nada se movía, pero no podía tratarse de mi imaginación, las sombras eran muy reales y se repetían en una y otra ocasión.

Al día siguiente le comenté a La Albina la extraña y reiterada aparición de los espectros.

- No son ideas mías, los jimaguas y algunos más nos están espiando, que tremendos descarados. Son unos mirones, degenerados sin escrúpulos.

- Estoy segura que Canelo está detrás de todo esto, el tiene que estar en combinación con ellos.

Ahora sí que La Albina se había pasado de rosca. Canelo no era un ángel, pero tampoco lo que ella quería pintarme.

- No seas calumniadora Albina– me puse brava al momento.

- Canelo ha hecho algunas cosas, su problema es que se deja guiar por las malas amistades, pero en el fondo él es bueno... yo diría que si lograra quitarle esas nefastas influencias el podría ir hasta a la universidad.

- Si, él es bueno en el fondo... en el fondo del mar es donde estaría bien- dijo con mucha ironía- Algo de eso le oí a Dorita Antes hace algún tiempo.

"Las mil y una ping..."

La Albina movió sus fichas y me sacó a Dorita Antes, de abajo de la tierra. Era una morenita media amiga de ella, que tiempo atrás había noviado con Canelo. Yo me escondí mientras La Albina le sacaba información. Escuché justo lo que temía oír: que se había alejado de él porque descubrió que acostumbraba a poner a los amigotes a que la miraran cuando tenían sexo. Esta sí que no se la iba a dejar pasar. Lo último que me faltaba para mandarlo bien lejos, para no mirarle nunca más la cara, para ponerlo como una botija verde y para decirle hasta alma mía.

Se negó rotundamente:

- Te pasas la vida creyendo todo lo que las gentes hablan por ahí de mí- esta vez no sonrió.
- Ni sé de qué negrita me hablas – me aseguró – ¡Y negrita dices tú!... cuantas veces te voy a decir que no conozco ninguna Dorita Antes, ni Dorita Después tampoco – agregó burlándose del peculiar apellido - que entre tú y yo las cosas son distintas.

Pude haberme ido sin creerle una palabra, hasta haber roto la relación para siempre, en definitiva nada me obligaba a permanecer con él. ¿O sí? mis propios sentimientos me estaban traicionando, no sabía por qué no podía dejarlo, ni entendía la razón por la que aun lo quería tanto, inexplicablemente, al extremo tal que ya me negaba a averiguar nada, sólo quería estar a su lado y punto.

- No hay peor ciego que el que no quiere ver – me interrumpió La Albina cuando alegaba en defensa de Canelo, rebatiendo lo de su relación con Dorita Antes.
- Conmigo las cosas son diferentes... me lo dijo mirándome a los ojos. Fue sincero, lo sé, vaya... lo puedo sentir.

"Las mil y una ping..."

- ¿Qué te ha pasado con Canelo? – inquirió – Será que tiene la pinga de oro y en la punta un diamante – se respondió ella misma soezmente.

Ni siquiera era por eso. Canelo la tenía normal. Pensé queda, recordando en mi mente su miembro viril. Yo diría que hasta flaca, un poco larga y ligeramente jorobada, como una vela derritiéndose al calor de la llama. En la intimidad tampoco me ofrecía nada especial, por el contrario, se meneaba frenéticamente para acabar viniéndose rapidísimo y se quedaba dormido tan pronto terminaba, siempre me dejaba insatisfecha. Entonces, ¿por qué esta locura? ¿Qué tendría en sí que no podía arrancármelo de adentro? Mi vida, mis conversaciones, mis pensamientos, mis ilusiones, todo giraba en derredor de él.

- Eso es capricho – confirmó La Albina - eso no tiene otro nombre mi amiga.

Fuere lo que fuere ese algo me estaba matando lentamente, como una obsesión que terminaba reduciéndolo todo a un segundo plano, hasta mi trabajo en la Radio. Sus andanzas con otras mujeres me seguían llegando a los oídos, aunque simulaba que no sabía nada. Tenía que tomar alguna medida. No soportaría dejarlo, pero sí darle algún escarmiento.

- Págale con la misma moneda – saltó Quirúrgico después de varios minutos de silencio.

Estaba también El Corcel presente en ese momento. Andábamos como tres budas sentados en el piso, dubitativos, buscando una solución que hiciera reaccionar a Canelo y hacer que me valorara.

Siempre recuerdo con nostalgia a mis dos grandes amigos, cumbilanchas de aquel submundo de la Cruz Verde y sus alrededores, pero el tiempo todo lo cambia sin remedio... y como dijo Neruda... "Nosotros los de entonces, ya no somos los mismos"

"Las mil y una ping..."

Quirúrgico era un joven muy agraciado al que la loca de su madre lo había rematado poniéndole ese nombre, cuando le hicieron la cesárea para sacárselo del vientre, y El Corcel también era muy carismático aunque sobran las explicaciones del por qué le llamaban así.

- Si – lo apoyó El Corcel– hazle saber que otra persona puede desearte y valorarte más de lo que lo hace él.

Así lo hice, en una de las desapariciones de Canelo me fui a una fiesta en casa de Lolito, un rubiecito que vivía cerca de él, y que por supuesto no sabía nada de mi noviazgo. Con la ayuda de mis compinches logré que bailáramos juntos toda la noche y hasta que me acompañara a mi casa, tomados de la mano, pasándole por delante a los jimaguas, adrede, para que se lo dijeran a Canelo tan pronto lo vieran. Me delataron por fin, aunque no sé cuándo ni cómo se lo dijeron, lo cierto es que una noche entraba a su casa como siempre. En el patio asaban un cerdo. Canelo tan pronto me vio formó tremendo aspaviento, y salió persiguiéndome con un cuchillo en la mano. Enseguida lo aguantaron y yo pude salir muy asustada, el plan había resultado. ¡Pero lo había perdido! Tal vez no debí haberme dejado guiar por Quirúrgico y El Corcel.

Al otro día estaba en mi casa y sentí que me chifló desde afuera. Salí decidida a desmentir lo que le habían dicho, para ver si lograba salvar la cosa.

- Vamos al Tulúm – me dijo con una amplia sonrisa, sin más ni más.

- En realidad las cosas no fueron como te habrán dicho.

- ¡Ah! Qué importa - dijo muy desenfadado.

- ¡Pero si ayer me querías matar! – exclamé asombrada.

"Las mil y una ping..."

Canelo soltó una carcajada:

- ¡Bah, eso era papití nada más! ¿Qué tu quería que hiciera? ¡Tenía que hacer mi papel de hombre!- Y nunca más me tocó el tema.

Canelo fue la auténtica historia del desamor. No me alcanzan los dedos de las manos para contar las veces que me destrozó el corazón en mil pedazos, ni las veces que lo intenté componer para volvérselo a ofrecer con la misma necedad que se pone una flor en la boca de un burro. Sé que lo que no nace, no crece, pero cuando estaba enamorada de él prefería ignorar muchas cosas, convertirme en una estúpida que pretendía, sin nada, fabricarlo todo como si con la vida y con los hombres se pudiera construir el mundo que una quisiera, a base de plastilina o de cualquier cosa moldeable.

- ¡Se verán horrores!- le recordé a Dalila una frase de la Biblia que ella misma me había citado en innumerables ocasiones.

Esto fue cuando me la encontré de brazo con el Anciano de la congregación. Ni siquiera delante de él pude frenar mi exclamación. Casi la felicito después que le escuché todos sus argumentos.

- Nos botaron a los dos – me decía con voz lastimera – dicen que rompí un matrimonio de años y con hijos.

- ¿Y no fue así? – le pregunté con los ojos que se me querían salir de las orbitas.

- Sí, pero fue por amor. Eso es lo que importa, los amores así que se toman bien despacio son los verdaderos.

"Las mil y una ping..."

Miré para el hombre alto de figura impecable. Casi picaba los cincuenta años. Con finos espejuelos, cabello entrecano, camisa y pantalón elegante daba la impresión de la madurez y la perfección personificada.

- Ahora vivimos juntos en mi casa – me dijo Dalila – ven a visitarnos cuando puedas, tu sabes que eres y siempre serás muy bien recibida.

No pude pensar mucho en el escandaloso hecho que revolvió mi barrio. Sólo me alejé confundida. Claro que sabía que los ancianos, pastores, curas... etc. no son Dios... pero nunca había visto algo así tan de cerca. No obstante mi cabeza estaba llena de otras preocupaciones relacionadas con Canelo. Hacía una semana que no lo veía. Fui a su casa en varias ocasiones a ver si le había ocurrido algo malo.

- Se tuvo que ir para Oriente a resolver un problema familiar- me dijo la madre la primera vez.

- No sé nada de Canelo. Yo estuve toda la semana fuera – me respondió el cuñado a la segunda.

- Canelo está viviendo con Coffee Make- me informó Yiya con sinceridad a la tercera vez que me acerqué a su casa preguntando por él. Casi me caigo de una fatiga.

- Siéntate – Yiya me trajo un vaso de agua.

Cuando comenzó a contarme me atoré, no paraba de toser para destrabar poco a poco el líquido en mi garganta. Yiya me ayudó dándome golpecitos por la espalda.

- ¿Pero eso ya no se había terminado?- pregunté para asegurarme que no se trataba de un chiste.

"Las mil y una ping..."

- Sí – Me respondió ella mirándome a los ojos – Pero su padre vino y lo obligó a cumplir, a casarse con ella, dijo que no se iba a burlar de su hija y después de salir del Registro Civil se lo llevó para que vivieran allá juntos, que mejor se encargaba de ella o lo mataba con sus propias manos.

Nunca en mi vida me había reído tanto, mis carcajadas se tornaron contagiosas. Pronto los niños de Yiya me imitaban y ella misma empezó a reír un poco extrañada. De repente los ojos se me llenaron de lágrimas y rompí en llanto. Me fui corriendo sin querer escuchar más detalles.

Fueron días terribles. El mundo se me quería caer encima. Buscaba qué podía llevar a Canelo a no valorarme. Yo sólo me encontraba defectos a los que culpaba de su execrable conducta hacia mí, incluso llegué a pensar si era que no le parecía lo suficientemente agradable en cuanto a mi apariencia. Como si el amor y lo físico tuvieran algo que ver. Intentaba irme a la Radio pero sólo conseguía cambiarme dos y tres veces de ropa, peinado y maquillaje. Luego así mismo terminaba en la cama. Estuve como quince días sin salir.

- Me siento como una hormiguita - le dije al El Corcel cuando intentaba animarme.
- Al contrario – rebatió – Tú eres una bestia, la mejor... hormiguitas son los que te rodean. - al fin me sacó una sonrisa.
- No quiero ir a la Radio. No quiero salir. No quiero que nadie me vea.

Mi amigo no cuestionó mi decisión pero me exhortó a que por lo menos tratara de caminar aunque fuera cerca, y se ofreció él mismo para acompañarme.

Por aquellos días El Teta me apoyaba en un negocio de papas rellenas y de duro fríos fosforescentes, que comencé a vender, logrando pronto mucha aceptación entre los clientes.

"Las mil y una ping..."

- ¿Estás contenta? – me preguntó.

Mi cariño hacia él era tan fuerte como incomprensible. Mi novio eterno, mi paño de lágrimas.

- Me siento la mujer más insignificante del mundo le expresé con la sinceridad de costumbre.
- Ese negrito te ha hecho mucho daño - dijo sentado junto a mi contando el dinero de la inversión para el negocio.
- Cualquiera para él vale más que yo ¡Casarse con Coffee Make teniendo una relación conmigo!
- Para mis vales mucho. Ese no sirve – respondió ofreciéndome el dinero ya contado.

A pesar de su ayuda monetaria, El Teta no me aceptaba ni un centavo de lo que supuestamente le correspondía.

- Quiero pagarte – dije avergonzada – no tienes porque hacer esto, para nada.

- Siempre me has pagado – me aclaró - Me has apoyado mucho con mi trabajo en la fotografía.

Se quedó un poco pensativo, como si quisiera agregar algo más.

- He perdido tanto tiempo en la vida – exclamó – Sueño con salir de este país. Ser un hombre reconocido en el mundo de las imágenes. Sólo tú me has comprendido.

Me contó que estaba desanimado porque quería participar en un concurso de fotografía referente al desnudo artístico, y que la modelo que escogió le quería cobrar mucho dinero. Yo sabía de quien se trataba, era una flaquita que vivía por allá por Pomo de Oro.

"Las mil y una ping..."

- ¿Tuviste algo con ella?

- Tal vez- respondió taciturno- pero eso no importa ahora.

- No me cae bien, es muy presumida – dije con ilógico celo.

- Es más bonita que yo, al menos tu mismo me lo afirmaste – le dije con infantilidad.

El Teta sonrió moviendo la cabeza ligeramente hacia ambos lados.

- Eso tampoco importa. La belleza es relativa. Para todos mis amigos tú eres más bonita, siempre te andan elogiando y hasta me preguntan por ti

- ¿Entonces? – inquirí

- ¿Qué?-me preguntó como queriendo develar mis pensamientos.

- ¿Yo puedo ser tu modelo?

El Teta me miró sorprendido, incrédulo, como si nunca le hubiera pasado yo por la cabeza para esas labores. Hizo silencio por algunos segundos...

- Sé que a ella la has visto desnuda, porque te dio lo que yo no – dije – pero podemos probar. A lo mejor salen buenas fotografías.

Para entonces ya él sabía que yo era una mujer hecha y derecha. El cuento de que me quería mantener virgen fue en los primeros tiempos. Sin embargo nunca quise llegar más allá con él en nuestra relación.

"Las mil y una ping..."

Esa misma noche comenzamos a trabajar muy duro para que El Teta se pudiera presentar al concurso. Me sacó casi doscientas fotografías desnuda. Con diferentes iluminaciones, maquillaje y peinado. Ni terminamos de revelarlas de lo cansados que quedamos ¡Que buen fotógrafo era El Teta! yo aparecía en cada foto como si fuera la caratula de una revista. Supo jugar muy bien con las luces y las sombras. Tomaba partido de las mejores partes de mi cuerpo, mostrándolas todas sin que se viera nada que incitara al sexo. Era puro arte, maestría. Quizá nadie me creería si digo que no me acosté con él esa noche. Era obvio, pero fue la primera y la última vez. El Teta no me gustó ni un poquito. Sus besos no me llenaban, sus caricias no las sentía. El sexo con él me pasó tan inadvertido que ni siquiera recuerdo los detalles. No experimenté rechazo pero tampoco placer.

El tiempo que había transcurrido de las nupcias de Canelo con Coffee Make, no podía descifrarlo, y como para mí todos los días eran iguales sin él...

Ya me atrevía a salir un poco más lejos con mis dos yuntas: Quirúrgico y El Corcel. Esa tarde estábamos en el Helado Tropical. Un sitio en el centro donde se reunía mucha gente para sociabilizar. De repente en el parque de la Parroquia vi a Canelo con los hermanos Sapito y Sapón. Sentí una rara alegría en mi pecho, como si todos mis sentimientos hacia él, acallados por las circunstancias, y el amor propio salieran de su escondite levantándose en mi propia contra, empujándome de nuevo hacia el desatino ¡De nuevo Canelo! ¡De nuevo, irresistiblemente Canelo!

Como por instinto caminé hacia él. Las voces de mis cumbilanchas se iban alejando paulatinamente de mis oídos. No entendí ni una palabra, no escuché ningún consejo. Volví en si cuando estuve frente a él.

- ¡Dichoso los ojos que te ven! - exclamé seria con una mezcla de ironía – ¿Y tu esposa?

Canelo sonrió.

- ¿Qué esposa? – respondió preguntándome a la vez.

"Las mil y una ping..."

- Coffee Make – dije en un temblor.
- ¡Ah! eso se acabó chica. Ya no hay esposa ni nada de eso, todo es cosa del pasado. Chirrín chirrán vaya.

Hasta que lo volví a ver estuve muerta. Su presencia me revivió tormentosamente. No le pedí más explicación, sólo lo abracé con fuerza. Él me dio la mano y caminé a su lado engalanada de una triste victoria, de una felicidad enfermiza que no me dejaba ver con claridad su terrible apatía. Otra vez estábamos juntos y eso era lo que más me importaba en ese momento.

De vuelta a la barbacoa hicimos el amor con la ventana abierta. Ya no reclamaba, ni me interesaban los espectros. Solamente intentaba caprichosamente, zurcir mi corazón descocido. Dejándolo con el paso de los días hecho harapos a base de tantos remiendos.

En el fondo sabía que a Canelo le daba lo mismo ocho que ochenta y ocho pero no quería aceptarlo. De hecho hice mil estupideces para cambiar las cosas y al mismo tiempo levantar mi amor propio. La primera fue aceptar dormir una noche con El Banquero, un mulato que valga la redundancia era banquero-bolitero (24) para el que trabajaban El Corcel y Quirúrgico recogiendo las listas de los números casa por casa.

Me mandó un recado con La Picada que vivía en la casa delantera, y que era el mismísimo mal ambiente caminando y hablando.
Me ofreció un buen dinero por pasar la noche con él. Aunque yo la verdad, lo hubiera hecho de gratis. Necesitaba saber que a otro no le resultaba indiferente, que podría despertar los más intensos sentimientos de pasión. Como no había electricidad, una moribunda vela iluminaba en algo el cuarto de la casita a donde me llevó El Banquero. No vivía allí pero decían que esa era su casa. Serían como las ocho de la noche y desde afuera me llegaba el murmullo de la gente hablando, los pasos de los transeúntes, el ruido de algunos autos y hasta el timbre de una bicicleta.

"Las mil y una ping..."

¿Será El Corcel? – Pensé – mis yuntas no deben saber nunca de esto.

Ya estábamos desnudos en la cama mientras el mulato me pronosticaba lo que iba a sentir.

- Vas a gritar de placer

- ¿Seguro?- le respondí con zalamería.

Desde el punto de vista frívolo El Banquero era un buen tipo con el que cualquier mujer se hubiera querido dar un gustazo. Acostado me tendió encima de él boca arriba, de esa manera me lo hizo mientras me acariciaba toda, finalmente comenzó a frotarme el clítoris sin parar, suave y deliciosamente hasta que juntos terminamos en un orgasmo estrepitoso. Es cierto que grité como él me lo había advertido y enloquecí de deseos. Sin embargo lo que más disfruté fue precisamente su lujuria hacia mí. Captando frases como: "me gustas mucho", "me tienes loco", con las que di vueltas en mi mente una y otra vez. Si le gustaba a él entonces a Canelo también. Solamente tengo que hacerme la difícil. No me quedé toda la noche, ni acepté el dinero. Tan pronto terminamos me vestí y me fui con la entrepierna pegajosa aun del semen que se me escurría poco a poco. Cuando ya estaba llegando escuche la voz de Amelia que le decía a alguien.

- ¡Por ahí viene! No te confíes... a lo mejor no es ella sino la otra, la que se hace pasar por ella.

Vi una camisa amarilla color pollito que resaltaba en la oscuridad y una piel color canela, luego un pelo rizo.
No podía creerlo ¡Era Canelo! Me estaba esperando. Lo abracé y besé sin hacer caso de las locuras de Amelia ¡Qué lindo estaba y qué bien me sentí de tenerlo nuevamente entre mis brazos! Había descubierto la clave del éxito.

"Las mil y una ping..."

Después de tanto tiempo me he dado cuenta que con todo aquello no gané nada, al contrario, perdí miserablemente, dos años de mi vida. Ahora revivo esa época en letras, intentando reordenar los párrafos a fin de mantener una justa cronología de los hechos, tratando de entender lo absurdo e ilógico de mis actos, considerando dudosas conclusiones. En resumen Canelo quedó en mi memoria como la más difícil ecuación matemática que finalmente nunca tuvo solución.

Recuerdo que hasta fui a los pies de Orula (25) acatando la sugerencia de mi prima La Cucaracha.

- Te aseguro que allí te van a decir toda la verdad y encima te van a dar la solución a esos problemas.

La Cucaracha se quedaba los fines de semana conmigo en la Cruz Verde. Ella también estaba enamorada de un muchacho que vivía cerca; y como yo, tenía luchas internas aunque las llevaba de un modo muy distinto al mío. Permanecía serena y firme ante la decisión de no aceptar a Lee pasando por encima de sus sentimientos.

- Estoy en el último año de la Lenin (26) – me decía exhibiendo con orgullo el uniforme azul – quiero finalmente ser La Doctora Rodríguez.

- ¿Y eso qué tiene que ver con Lee? – le pregunté confundida.

- Mucho – respondió apaciblemente – Lee es demasiado atractivo, no soportaría ver otras mujeres tratando de conquistarlo. Me vendrán preocupaciones que me desviarían de mi verdadero objetivo que es llegar a ser médico.

- El gato tiene cuatro patas y toma un sólo camino mi prima - puntualizó.

"Las mil y una ping..."

Parecía una filosofa La Cucaracha. Cuando hablaba así, hasta se sentía mayor que yo. Admiraba su decisión, pero yo en su pellejo no hubiera perdido esa oportunidad. El tal Lee era un chino irresistible. Tanto él como sus dos hermanos fueron el suculento resultado de una maravillosa mezcla asiático- caribeña.

- Tiene excelentes intenciones contigo – le dije a La Cucaracha.

- Si lo sé – admitió tranquila – le parezco buena, decente, la mujer ideal para formar una familia. ¿Y lo demás?

A pesar de su inteligencia, La Cucaracha siempre dudó de ella misma. Es cierto que de bonita no tenía un pelo. Si empezábamos desde abajo; unas piernas flacas y blancuzcas sostenían su cuerpo amorfo un tanto cuadrado, no era gorda pero si corpulenta. La cara redonda de rasgos inexpresivos. Ni el pelo negro muy liso la ayudaba, porque le chorreaba sin forma sobre la nuca, resbaladizo sin que pudiera soportar al menos una hebilla. Encima de todo no se arreglaba. En las noches, cuando dormíamos juntas, me despertaba asustada porque sus ojos estaban abiertos por la escasez de párpados y pestañas, a pesar de que andaba por el quinto sueño. Tampoco tenía salsa ni soltura en su cuerpo. Aun así yo creía que el problema estaba dentro de sí misma, y criticaba su falta de valor para probar a ser mujer. En definitiva la belleza siempre ha sido relativa.

IBora, IBoya, Iboshesha – estas fueron las palabras con las que me saludó el Babalawo tan pronto crucé el umbral de la puerta.

En este momento yo estaba descalza ante un negro requeteprieto que cubría parte de su cabeza con un gorro verde estampado en amarillo. La verdad es que de esto nunca entendí mucho. En la Habitación había de todo, menos imágenes de santo alguno. Elementos de madera redondos como si fueran tinajas que guardaran secretos en su interior. Cortinas amarillas y verdes de satín.

"Las mil y una ping..."

Con ropas holgadas del mismo color yacía sentado en el piso como Buda sobre una alfombra blanca; lo que más relucía era el Tablero de Ifá (27) Eso sí que lo conocía bien: el instrumento de adivinación.

La Cucaracha se había quedado fuera. Me advirtió que yo iba a estar frente al oráculo de Ifá por primera vez en la vida y tenía que prestar mucha atención, que no era cosa de juego, que iba a ser como si me atreviera a emprender un viaje por mi vida entera, la pasada, la presente y la futura. Ella ya le había hecho al Babalawo un saludo ceremonial en el que percibí un respeto santo porque era su padrino, el que le puso los collares (28) y la Mano de Orula. (29)

No sé si era la posición que debía asumir pero quedé de rodillas frente al manto, unos girasoles en un búcaro con agua lejos en una esquina se convirtieron en el centro de mi atención.

- Estás aquí por un hombre – el Babalawo rompió el silencio.

En esta frase hubo firmeza. Tocó el tablero y continuó sin que me diera tiempo ni para abrir la boca.

- En este caso yo te mandaría a traerme una Jaula y una pareja de pájaros – me dijo de tu a tu – pero Orula dice que no intentes amarrarlo.

Ahora pareció distante y miraba a la tabla.

- Ese hombre no aparece en tu destino - continuó tirándome una mirada recta, implacable que no fui capaz de sostener.

- Aquí el que no tiene de Congo, tiene de Carabalí – exclamó pero aun no entendí - Sin embargo el que se va a cruzar en tu camino es blanco. Por sus venas no corre mestizaje alguno. Te vas a enamorar de él como Ochún de Changó (30).

"Las mil y una ping…"

Hizo silencio por unos instantes. Volví a pasear mí vista por en derredor. No comprendía el significado de ninguno de los objetos redondeados hechos a madera, ni de las vasijas a de barro. Eran tantas las cosas que ya no puedo guardarlas en mi mente, sólo recuerdo que me sentía como en un conjuro, en un sitio encantado que nada tenía que ver con la realidad. Como si estuviera caminando por un profundo sueño o atravesando la más difícil pesadilla.

- Este hombre se presenta aquí ahora, acompañado de una mujer y un muchacho de entre cuatro y cinco años. Todo está muy claro aquí, hasta las escaleras. Vive en alto – esto último lo dijo muy concentrado en el tablero.

Hice un gesto de susto. No tenía ni idea de a quién podría referirse. Quería salir corriendo de allí y buscar a mi Canelo…

- Fracasarás – insistió el negro.

Tuve que contenerme para no taparme los oídos.

- …Y tendrás una hija bastarda.

Instintivamente me llevé las manos a la boca, asombrada. Quise pedirle que parara ahí mismo.

- Rodarás de cama en cama y padecerás enfermedad de hombre…, ten en cuenta que eres hija de Ochún.

A partir de aquí los recuerdos se me embrollan tanto que no puedo precisar ni como salí de ese lugar.

"Las mil y una ping..."

- Es tu letra- me afirmaba La Cucaracha siempre que tocábamos el tema – Tienes que regresar a los pies de Orula para tratar de romperla.

- ¡Nunca más!- le respondía con espanto – No creo en esas cosas. El futuro lo construye una misma día a día.

La Cucaracha no insistió más. Mis alegaciones filosóficas terminaron acallándola, sin embargo en mi Yo interior había cierta intranquilidad. Como si en las palabras de ese Babalawo hubiese algo de inefable.

- ¡Ave de mal agüero! – exclamaba para mí misma cuando a solas me venían a la mente tan crueles vaticinios.

Siempre que las cosas me salían mal lo relacionaba con el escalofriante oráculo, como lo que me sucedió con Lee esa oscura noche en que la luz eléctrica brillaba por su ausencia. Algo semejante a una vela alumbraba en algo la vieja habitación con paredes revestidas de madera. Las palabras fueron escasas como también las caricias. Lo contemplaba con asombro abrazándome, mis ojos casi se salían de las orbitas. Sus rasgos asiáticos lucían tan dulces ante el pálido anaranjado que repartía la diminuta llama que su aspereza me pareció imposible, casi inimaginable. Me amó sin piedad, atropelladamente. Lo recuerdo encima de mí atravesándome con desafuero y tapando mi boca con desconsiderados besos.

- ¿Esto era lo que querías de mí verdad? - me preguntaba con malicia, arrogante, tomándome oscamente por el mentón sin dejar de copularme.

- Vamos chica contéstame – casi me ordenaba.

Tendida boca arriba sobre aquella inmensa cama vieja, las sábanas en desorden por todo el movimiento de nuestros cuerpos, me aguantaba a ratos por las muñecas, me obligaba a mirarlo cuando volteaba la cara y me

"Las mil y una ping…"

besaba sin cesar. Cuando llegó el momento se aferró con fuerza vaciándose todo dentro de mí.

Me hizo sentir como la más miserable de las mujeres. A La Cucaracha no le hubiera hecho esto.
El fuego se extinguió en el plato de loza y todo quedó oscuro y confuso así como mi dignidad frente a él, todavía no sé por qué me trató de esa manera y peor aún, por qué se lo permití.
La Cucaracha lo había rechazado definitivamente aquella noche en la fiesta pública del Anfiteatro. Yo había discutido con Canelo porque delante de mí había estado hablando con la misma tipa del albergue.

- ¡Es una hedionda! – le decía delante de los hermanos Sapito y Sapón que se divertían como si estuvieran viendo una comedia.

- Y tú también, me pegaste piojos y ladillas– La defendía desvergonzadamente y encima se reía de mí.

Me dieron ganas de verterle sobre la cabeza su inseparable vaso de ron bautizado con fenobarbital, pero me contuve, sin embargo ahora sí había sobrepasado los límites del descaro. Él sabía muy bien que esos bichos se los agradecía a él y mucho trabajo que tuve que pasar para quitármelos y encima ayudarlo a él a curarse. Para ahora volverlo a sorprender con la muy cochina esa de albergue, que hasta intentó golpearme una vez acompañada de otras de su misma calaña en una parte oscura de la calle Estrada Palma.

- Todo fue muy conmovedor – le dije irónicamente- ¿Pero sabes una cosa? me voy con Lee - concluí resuelta, en estos momentos la que se reía era yo. Mi amenaza tuvo un toque infantil pero estaba segura que cuando consumara mi proyecto el efecto iba a ser contundente.

A pesar de la musicalidad de Canelo para conmigo, conocía muy bien su debilidad. Tenía dos talones de Aquiles. Uno era Mickey Mouse y el otro

"Las mil y una ping..."

Lee. Con ambos se traía cierta rivalidad de macho cabrío. Por eso sé que le dolió mucho verme partir con este último.

- Tengo mucha sed.

Así fue como me acerqué a Lee que estaba con dos amigotes fiestando a un costado del lugar donde estuviera hablando con Canelo. Se Lo había soltado con avidez y enseguida comprendió la indirecta. Accedió con astucia a mi petición no sin antes tirarle a mi novio una mirada muy dura, aplastante, que lo dejó paralizado. Sabía que Canelo no se atrevería a detenerme. Su propio orgullo no lo dejó dar ni un paso. Se encontraba ante una humillante derrota.

No obstante ahora me sentía como la única perdedora en aquel asunto. Es cierto que le gané momentáneamente a Canelo pero, ¡a qué precio! Lee nunca más me miró, como si jamás me hubiese conocido y Canelo ni se tomó el trabajo de reclamarme. Me guardó la ofensa al punto tal que puso a la Piojosa en mi lugar. A partir de esa noche andaba con ella para arriba y para abajo, exhibiéndose con la muy sucia por toda Guanabacoa.

Por aquellos días no podía ni dormir. De hecho todavía me duele recordarlo tan campante llevando de la mano a la susodicha. Entrándola en su casa para hacerle el amor en la barbacoa en la que antes siempre lo hiciéramos nosotros, con la ventana abierta delante de los espectros.

Una de esas noches, pasada las diez andaba yo por Estrada Palma, caminando por la acera del frente todavía lejos de su casa aunque ya lo veía dentro de un grupo formado justo en su puerta por los hermanos Sapito y Sapón, los Jimaguas y su propio cuñado. Tan pronto me dio la luz del alumbrado público me descubrió convencido de que yo iba directico a rogarle. En definitiva no era la primera vez que me rebajaba ante él. Sin embargo en esta ocasión estaba totalmente equivocado, yo me dirigía a otra puerta detrás de la cual se encontraba su segundo talón de Aquiles.

"Las mil y una ping..."

Mi obsesión por él ahora me había llevado muy lejos, hasta situaciones nunca antes sospechadas. Como por ejemplo haberme acostado con Mickey Mouse aquella noche. Fue la Primera vez que lo vi como hombre, y tal vez la única. Debí darle una buena explicación para tranquilizarlo ante su sorpresa al verme frente a él, y también justificar la lluvia de piedras que sonaban contra su puerta, ahora por suerte ya cerrada.

- ¿Qué le pasa a ese negro pandillero? – preguntó en un impulso de salir.

- Está celoso – lo detuve – sabe que quiero dormir aquí esta noche

Mickey Mouse parecía no entender todavía y yo aun no sé de dónde saqué el coraje para agregar tranquilamente.

- Contigo... quiero pasar la noche aquí contigo... pero si tienes miedo, o no quieres... entonces me voy por donde mismo entré a esta casa.

No sé en qué momento decidió aceptar mi ilógica y precipitada propuesta. Habíamos crecido y estudiado juntos y ahora estábamos casi emparentados porque mi hermano El Australopitecos estaba casado con una de sus tías Manda Más. Encima Mickey Mouse había tenido una relación larga y duradera con Cara de Luna otra de mis amigas de la infancia. Lo cierto fue que por fin terminamos enredados en su cama.
A pesar de la oscuridad podía verlo, gracias a un haz de luz eléctrica que entraba por la ventana trasera de su cuarto. Mickey Mouse era de todo menos bonito, pero tenía un tipo así como que sexy, y su gracia le daba mucha aceptación con las mujeres. Era de piel blanca, pelo negro, rasgos comunes al igual que la estatura; Risa contagiosa y sobre todo mucho desenvolvimiento. Parece que a él le había sucedido lo mismo que a mí, me vio como mujer a partir de esa noche ya que sus besos y caricias me resultaron increíbles así como los flexibles movimientos con los que se

"Las mil y una ping..."

impulsaba sensualmente para penetrarme, manipulándome con destreza. Me concentré en él de tal manera que todo quedó a un segundo plano, ni siquiera supe cuando escampó el aguacero de piedras, ni en qué momento me dormí encima de su pecho.

    No obstante fue peor el remedio que la enfermedad. Mi empeño en poner celoso a Canelo me costó muy caro, tanto que la familia de Mickey Mouse se levantó inexplicablemente en mi contra. Era un ejército de mujeres comandado por la mismísima Manda Más la esposa del Australopitecos quien se puso muy furiosa cuando se enteró del fortuito romance, como si en lugar del sobrino se tratase del amante. Las cinco hermanas me prohibieron acercarme a Mickey Mouse, y El Australopitecos se abrogó el derecho de ratificarme la advertencia de que no quería verme junto con su sobrino político ni en sueños. Mickey Mouse por su parte era manejado por Manda Más cual si fuera una marioneta. No sé cómo se las arreglaba ella pero sus deseos eran órdenes para él sobre todo en lo referente a las mujeres. Aquel hecho me perturbó tanto que llegué a sentirme como si hubiera cometido el peor de los delitos, sin embargo él y yo éramos libres, jóvenes y mayores de edad para tener autodeterminación. Ya no era un secreto que lo mío con Canelo no daba para más, y en el caso de él se le veía de Pascua a San Juan junto al Esperpento, una horrible flaca que se parecía a Olivia la de Popeye, con la que además no tenía ningún tipo de compromiso formal. Por lo menos hasta ese momento ya que inmediatamente después Manda Más y sus hermanas como arañas le tejieron a Mickey Mouse una pegajosa historia de embarazo a la que se prestó muy bien la fea, lo cual concluyó en una boda a tan sólo quince días de nuestra singular noche.

"Las mil y una ping..."

Capítulo 6

El Hombre X

En el fondo ya ni sabía si realmente quería volver otra vez con el mismo suplicio de Canelo. Aquello para mí fue una historia inconclusa, la ecuación NTS (no tiene solución) que aun transcurrido más de un año trataba de resolver, no obstante, dando un paso atrás. Ya hasta tenía una relación muy seria con el hombre X cuando me lo encontré en una guagua invitándome a irme con él a una casa alquilada en la playa donde pasaría un fin de semana con los hermanos Sapito y Sapón, los gemelos, el cuñado y otros más.

Algo muy grave me había pasado con el hombre X y me sentía muy decepcionada. Al ver a Canelo me di cuenta que de aquel fuego todavía quedaba una llama, agonizante, aunque ahí estaba.

- ¡Aquí la única mujer soy yo!- le dije contrariada.

- ¿Y eso qué importa? estarás conmigo que te represento.

Pude haberme ido pero no lo hice. Quería estar junto a él después de tanto tiempo, abrazarlo, besarlo, sentir su calor toda la noche en la cama. Sin embargo ese día en la casa de la playa hicimos el amor a pleno día. Canelo quiso nuevamente las mismas cosas raras que me pedía antes en la barbacoa de su casa, sobretodo que caminara desnuda por la habitación.

"Las mil y una ping..."

Había mucha claridad y sentí vergüenza, mucho más cuando descubrí varios pares de ojos asomados por una de las persianas.

- ¡No son espectros! – Reflexioné en alta voz mientras me vestía – son tus amigos y tú eres un puerco descarado que te pones de acuerdo con ellos para que me estén mirando, esto es una cochinada tuya.

Me lo negaba con seguridad una y otra vez, hasta caerse de culo, como se dice vulgarmente. Según él si de verdad estaban mirando él nada tenía que ver con ellos.

- Siempre has estado jugando conmigo – le dije tragándome las lágrimas.
- ¿Y tú? – me preguntó riendo burlonamente – Gatica de María Ramos. Haciéndote la fina te pasaste al Lee ese y al blanquito del frente por la piedra y ahora escondes la mano.

Ahora se puso serio y agregó.

- Casi delante de mis narices.

Me quité otra vez la ropa quedándome con una diminuta trusa.

- ¿Te vas a bañar en la playa o vas a buscar con quién partir? – otra vez sonrió indolente.
- No- respondí secándome unas lágrimas con las manos – Voy a jugar tu juego.

Salí del cuarto hacia el portal de la casona situada a unos metros de la orilla de la playa. Allí estaban los espectros tomando unos tragos sin camisa y con pantalones cortos.

"Las mil y una ping..."

- Dame un poco - Le dije inesperadamente a uno de los Jimaguas quien sorprendido miró a Canelo que venía detrás de mí.

Con suavidad le quité el vaso de la mano y me senté en sus piernas, él ni se movió. Canelo me haló por un brazo.

- ¿Qué estás ensayando? tu papel de hombre dolido que ya me aprendí de memoria – le dije descompuesta – después que los has puesto a todos a mirarme una y otra vez cada vez que te ha dado la gana.
- No será que a ti es a la que te gusta que te miren. Zorra – Me decía en voz alta y con una descarada sonrisa.
- Zorro eres tú, y cochino, que me pegaste piojos y ladillas.
- Tú sabes que fue al revés, tú fuiste la que me pegaste esos bichos.

Por el estilo fue el espectáculo que dimos aquella tarde bajo el agonizante sol, y delante de todos los que se encontraban en derredor. Nos trasladamos poco a poco hacia la orilla mientras los amigos de él nos aguantaban para que no nos agrediéramos con patadas y sopetones. Hubiera querido espantarle una buena galleta pero Sapito me frenaba sujetándome ambas manos detrás de la espalda...

Cuando digo que lo mío con Canelo fue una historia sin fin, no miento. Y si algún final tuvo no lo vi claro. Siempre en algún momento nos volvimos a encontrar. Es cierto que La cosas no pasaban de algunos besos y boberías pero eso definitivamente no me permitía ponerle fin al romance.

Incluso volví a tener relaciones íntimas con él como cuatro años después. Lo recuerdo perfectamente frente a mí aquella noche de viernes, juntos, sentados en el borde del camastro en un cuartucho de madera que alguien le había prestado. Fue la primera vez que lo vi mirando el reloj preocupado por la hora pero no me extrañó porque en aquel momento sí que estaba

"Las mil y una ping..."

casado de verdad. Su esposa era una blanquita media gordita con la que había tenido dos niñas.

La conocía muy bien ya que yo misma le había cedido a Canelo poco después del requetesonado escándalo en la playa de Santa María, entonces estábamos él y yo en la barbacoa como a las once de la noche. Yacíamos sin ropas, de bruces en el piso de madera. Me sorprendí desnuda también de vergüenza tratando de componer los platos rotos de mi ilógica e irreparable relación con Canelo. Escuché unos toques en la puerta y acto seguido una voz femenina preguntando por Canelo y presentándose como su novia.

- No puede ser, su novia se llama Mayiye y está arriba con él – aclaró la voz de Yiya totalmente contrariada.

Sentí un dramático llanto... y luego...

- Canelo no puede hacerme esto... él le prometió a mis padres... ¿Cómo es eso de que tiene novia?

Inmediatamente acusé a Canelo con la mirada.

- ¡Ah no le hagas caso! – dijo con desfachatez hablándome un poco en voz baja.

Enseguida me vestí para bajar entonces él me detuvo en la punta de la estrecha escalera.

- Déjala que se vaya- me pidió en baja voz.

No dije ni una palabra.

- Esa gordita no me interesa.

En estos momentos mi mirada se torno incrédula. Canelo lo advirtió.

"Las mil y una ping..."

- Te lo juro por mi madre que no me gusta. Es más... me da asco, tiene peste a mierda en el blúmer.

Hice un gesto de hastío y me asomé por fin. Lo que vi no fue una tipa de albergue sino una muchacha aseada, de buenas maneras, decentemente vestida y bien peinada. Me volví hacia Canelo y le informé que me iba. En esta ocasión se lo dije muy en serio, la verdad es que ya estaba muy cansada.

- Si sales, salgo detrás de ti en cuero en pelotas- bravuconeó.

Me fui haciendo caso omiso a sus amenazas que dicho sea de paso no dudó en cumplir. Me siguió unos metros caminando desnudo por la acera hasta que Yiya y el cuñado lo detuvieron.

- Quiero hablar contigo- escuché a mis espaldas y me di cuenta que no sólo Canelo me había seguido.

Me detuve volteándome hacia la joven envueltica en carnes que me miraba con actitud declamatoria.
Cuando habló, me disputó a Canelo, pero de una forma muy diplomática, como exponiéndome una serie de factores por los cuales era ella quien debía quedarse con él.

- Es verdad que llevas más tiempo con él. Pero yo puedo estar embarazada. Además no pienso dejarlo por ningún motivo, ni aunque tú no lo dejes. Pase lo que pase tendrás que aceptar que yo ahora soy también parte de su vida...

Dijo muchas cosas que me dejaron boquiabierta. Debió amar mucho a Canelo para defenderlo a capa y espada. Quería casarse y tener hijos con él. Ni yo en su lugar hubiera estado tan resuelta.

"Las mil y una ping…"

- No te preocupes por mí – le dije con sinceridad – yo te regalo a Canelo envuelto en papel de celofán y todo. Estoy cansada, muy cansada ya de todos sus descaros y porquerías.

No le mentí, de hecho jamás interferí en su camino. Ni siquiera la volví a ver nunca más.

Supe de ella años más tarde por Yiya a quien me encontré de casualidad en la dulcería y que me comentó que se había envenenado por él y estaba en el hospital debatiéndose entre la vida y la muerte. Yo no le pregunté ¡Que conste! nunca la mencioné, ni aun esa noche en el cuartucho donde Canelo a cada rato consultaba la hora en el reloj de pulsera en su muñeca como si éste le estuviera recordando que ella lo esperaba en casa y que ya se estaba demorando demasiado con otra (yo) quien pudo haber estado en el lugar de ella.

La escena quedó pintada en mis recuerdos con colores mustios: Canelo y su reloj, un ridículo preservativo cubriéndole "la pinga de oro", yo inerte en la cama quitándome la venda de los ojos y recién descubriéndolo. En derredor un corazón de hielo, espectros que vigilaban, mujeres sin rostro y alguna parturienta, una pastilla de fenobarbital, una vaso lleno de alcohol, un búcaro con flores marchitas que se volvían polvo perdiéndose en el panorama de un surrealismo bien difuminado en el tiempo.

Y ese cuadro no hubiera tenido lugar en mi memoria si no hubiera sido porque caí repentinamente en el fondo de un abismo empujada por mis ilusiones rotas. Entonces era una chica de "belleza difícil" según mi amigo El Intelectual, un trigueño fuerte de ojos claros y filósofos. En mi vida había visto otra mirada que denotara tanta inteligencia.

- Lo que sucede es que tienes una belleza difícil –una vez me dijo- eso explica todo lo que te sucede en la vida.

- Es que tienes una belleza difícil -me lo repetía, una y otra vez.

"Las mil y una ping..."

No sabía si sentirme alagada u ofendida ¿A qué se refería El Intelectual con eso de la belleza difícil? cuando me lo trataba de explicar realmente me confundía más.

- Transpiras una sensualidad que a otras mujeres las inquieta – dijo aseverando – y los hombres cuando no te pueden conseguir te odian, te detestan – concluyó irreverente.

- También La Nácara es bella y sensual – traje a colación a una actriz nueva que últimamente se destacaba en un sinnúmero de protagónicos y en cuanto programa asomaba en Producción – y sin embargo nadie la odia, ni la emprenden contra ella.

El Intelectual sonrió con cierta crueldad, y luego agregó.

- Pero ella es una blanquita de belleza fácil – agregó sin más ni más y cambió luego la conversación pues no prometía esclarecerme el enredo que me causaban sus palabras.

El Intelectual era escritor de la Televisión y estaba envuelto en un proyecto titulado "Lazos de Sangre" una novela de negros y mulatos donde yo debía figurar como la presunta protagonista, pero aquello era un imposible, incluso los personajes secundarios no eran para mí, ya esos tenían nombre, pensar que podría pasearme ante las cámaras era más utópico que titiritear sobre las tablas del Teatro o ensayar frente a un micrófono de la Radio de donde me fui completamente vencida cuando triunfó finalmente el imperio nepótico de una conocida y reputada Familia de escritores.

Me sentía aplastada, echada a un lado, despreciada y acabada por la misma gente que debió ayudarme y que me conocían desde que era prácticamente una niña.

"Las mil y una ping..."

- No te desanimes que tienes una vida por delante – me exhortó La Pérez de Barbacena en su casa – mírame a mí ya soy casi una vieja y sigo adelante.

Lejos de entonarme, sus palabras, me desanimaban, no tenía más que observarla para que me invadiera tremendo desaliento. En su cara obscura y fláccida el paso de los años había dejado irreverentes huellas a pesar de los esfuerzos de un amigo cirujano que le practicó una Blefaroplastia, con lo cual la pobre Pérez de Barbacena no lucía más joven ni mucho menos, y encima andaba con dos moretones bajo los ojos que la asemejaban a un jugador de Beisbol.

- Y eso que soy graduada de la Escuela Nacional de Artes- presumía siempre

Sin embargo su vida había transcurrido de aquí para allá buscando un hueco donde poder colarse, haciendo de bulto en series televisivas, y murmullos en los programas de Radio.

- Escogieron a la Martínez para una película – exclamó con un toque de rabia – no es graduada de ninguna escuela de artes- añadió – Dicen que es la amante del director- esto último me lo tiró en tono secreto.

Yo no le hacía mucho caso ahora. Me dedicaba a observar con discreción el techo cuarteado que amenazaba con caernos encima, la cocina desierta y apagada, los muebles escasos y rotos, las paredes desvistiéndose del repello. Tras la vieja puerta carcomida apareció El Galán un prietecito barbudo que también decía ser actor pero se ganaba el dinero trabajando como utilero cargando cajas y moviendo escenarios en cuanto programa le aparecía, trasladándose de un estudio a otro y haciendo muchas horas por jornada.

"Las mil y una ping..."

- Genio y figura hasta la sepultura – Lanzó La Pérez de Barbacena una irónica bienvenida.

Es que El Galán parecía un pobre diablo. Fungíamos como una familia unida por cuyas venas corrían las mismas humillaciones y fracasos.

- Es como el Apartheid – interrumpí a El Galán que se quejaba de tanta ignominia.
- Solamente tienen trabajos los más claros de piel, los que tienen ojos verdes o azules, los hijos de Mamá y Papá, y las mujeres o los familiares de los jefes. Los demás podemos cagarnos en nuestras madres – continuó moviendo los brazos flacos que le guindaban de las mangas cortas de una anticuada camisa a cuadros.
- Se supone que en nuestra sociedad socialista esas cosas no pasen- lo apoyó La Pérez de Barbacena abriendo los ojos todo lo que podía mientras yo no dejaba de reparar en su desnutrida cara.

— Vamos a hacer un grupo bien grande de todos los artistas que somos discriminados – Fantaseé, Hoy mismo voy a hacer una carta firmada por todos los que andan mendigando trabajo por ahí y la vamos a enviar a donde sea necesario. .. Pero esta situación pronto tiene que acabar.

La Pérez de Barbacena meneaba la cabeza afirmativamente y a cada rato me cortaba para poner lo suyo.

- Una huelga en la misma puerta sería magnífico, eso nunca se le ha ocurrido a nadie...

Y así tratábamos de madurar las ideas cada vez que nos reuníamos, pero nunca pasamos de palabras, en un ambiente donde del dicho al hecho solía haber un gran trecho.

"Las mil y una ping..."

Uno de esos días me encontraba sola en la Casa del Té. Mi vista estaba fija en un punto impreciso de mi pequeño y desatinado universo por eso no vi en qué momento se sentó a mí mesa nada más y nada menos que un reconocido guionista y director: Hache Pe. No pude disimular mi sorpresa ¡Qué gran oportunidad! Éste era el momento de hablar o callar para siempre.

- Mi nombre es Mayiye... mi presentación fue interrumpida por un "ya lo sé"
- Conozco mucho de ti – dijo para incrementar mi asombro.
- No tengo trabajo – me apuré como si solamente tuviera ese instante para decírselo - soy la viva estampa de la inoportunidad – terminé nerviosa y triste.
- Puedo ayudarte mucho – dijo serenamente – Y tú lo sabes- esto último fue una clara sugerencia.

"Sé a lo que te refieres viejo verde" disimulé mi pensamiento con una sonrisa. Mientras recorrí mí vista por algunas mesas ocupadas por grupos de cuatro o cinco artistas y trovadores engreídos que cargaban el ambiente con sus egocéntricas figuras. Por eso me gustaba la casa del té, estaba repleta deególatras demasiado ocupados en sí mismos como para molestarme ni siquiera con la mirada. Allá podía pensar tranquila, reflexionar, ser yo, sin que nadie me molestara con la mirada siquiera.

Es cierto que Hache Pe no era joven, estaba más cerca de los cincuenta que de los cuarenta. Sin embargo eso mismo era lo que le aportaba para mí cierto atractivo, y su aire metódico, andar perfecto, carácter inmutable. La primera vez que lo besé fue en la acera derecha de la Avenida de los Presidentes. Me paré en la punta de mis pies para lograr alcanzar sus labios finos y me apreté a su figura burguesa en abierto agradecimiento a una limosna laboral. Nos sorprendió su ex, una popular locutora de televisión, era una hermosa rubia con la que él había tenido dos hijos. Nos pasó muy cerca por la acera y se quedó mirándome con notado desdén.

"Las mil y una ping..."

- ¿Por qué no te vas conmigo para Argentina? - me susurró en el cine Yara mientras veíamos una película insignificante que ya no soy capaz de recordar. Estábamos en los últimos bancos donde la luz de la pantalla iluminaba pobremente.

No le respondí de momento. Sabía que le habían hecho un contrato por varios años como director artístico, que lo que me proponía era muy serio y que lo que yo le respondería tendría que ser definitivo.

Me besó interminablemente, y deslizó su mano derecha entre mis muslos, aprovechando la oportunidad que le daba mi generosa y sobretodo corta falda. Y continuó llegando muy lejos hasta el clítoris que me acarició pronto apartando irrespetuoso mi blúmer. Con la otra mano me acarició los senos burlando la vigilancia de mi breve blusa de algodón. Entre tanto me dejó la boca para rosear mi oído con más propuestas.

- Vete conmigo para Argentina, Necesito que estés al lado mío.

Yo me estremecía de deseo, me enloquecían las caricias.

- Vamos a salir del cine a un lugar donde podamos terminar lo que hemos empezado.

"Terminar" significaba ¡Aceptar! de una vez y para siempre hacer mi vida con él o podría tratarse de todo lo contrario una vez que obtuviera lo que ahora él quería de mí...

- Déjame pensarlo – le dije escurriéndome discreta.
- ¿Pensar qué? – se incorporó un poco en su butaca.
- Es que no estoy segura de querer acostarme contigo ahora.

No me atreví a mirarlo hasta después de unos instantes. La intrépida luz de alguna escena de fuego me permitió observar claramente la sonrisa sarcástica en su rostro de caballero aburguesado.

"Las mil y una ping..."

- ¡Ah!, ¿no estás segura? – me dijo con ironía – pero con ese peloterito de barrio sí que estás segura.
- ¿De qué estás hablando?-le pregunté
- ¿De qué?... O... ¿De quién? – me aclaró en un susurro largo e intimidante – con ése si te irías hasta el fin del mundo – para luego agregar - Sin embargo ese peloterito de barrio no te quiere para nada... él no está enamorado de ti- dijo en un desdeñoso análisis.
- ¿Por qué estás tan seguro de lo que dices? Le repliqué.
- Porque ese de quien está enamorado es de él mismo, es un Adonis, ¿no te has dado cuenta de eso?-sonrió evidentemente saciado después de haberme herido.

Nuestra conversación en el cine quedó inconclusa y Hache Pe me había azorado con semejante reproche. No obstante hubo una ocasión en que resolví "cerrar con broche de oro" y quedé con él en vernos, que a las ocho de la noche nos encontraríamos para dormir juntos en un lugar determinado.

- Entonces vas tú y le dices que estoy enferma – le encomendé a La Bestia que enseguida argumentó:
- Yo voy, está bien, pero no debiste ilusionarlo. Eso que me mandas a hacer puede ser mucho peor para ti Mayiye.

La Bestia y yo éramos por aquellos tiempos uña y carne, él era un joven rubio al que yo veía con buenos ojos, pero según la gente estaba feo todo lo que le daba la gana. De hecho nos llamaban La Bella y la Bestia. Sólo si me remonto a la primera impresión que tuve de él cuando lo conocí puedo hacer una descripción honesta. Tenía la piel más blanca que un papel era de una palidez irreal, como si se tratara de un fantasma. El acné le había dejado en la cara pequeñas e innumerables cicatrices, mientras que los dientes se tornaban de un ocre opaco por el sarro acumulado de tanto descuido. El pelo amarillo y enroscado parecía haberse peleado con las tijeras y los

"Las mil y una ping..."

peines, del cuerpo largo y flaco la ropa le colgaba como de un perchero. Lo conocí en medio de mis trajines artísticos cuando él componía canciones para musicalizar las obras de un grupo de teatro infantil. Porque talentoso era, tan feo como tan apto, nadie lo dudaba, la canciones las sacaba del aire, en cualquier momento y bajo cualquier circunstancia.

No supe hasta el otro día que lo encontré en el Estudio del Focsa si había logrado cumplir mi encomienda. Andaba tocando su prodigiosa guitarra, sacándole notas que él nunca aprendió a leer y cantando una canción que había compuesto para mí, delante de un improvisado auditorio (alrededor de veinte personas)

♪"Bella por dentro y por fuera, artista perfecta,
Cómo han podido olvidarla sin saber qué ha sido de ella
Ella es grande entre las grandes, estrella entre las estrellas
Porque simplemente es..., es toda una artista."♪

Obviamente era el más fanático de mis admiradores, y también el más sincero, incluso su tema no era más que una protesta porque que yo estuviera participando en la filmación de aquella novela sólo como figurante mientras los papeles principales los hacían personas de la calle, que ni siquiera habían sido nunca actores como era el caso del mismísimo protagonista, al que le llamaban El Apuesto de Belascoain, porque era muy agraciado y porque Belascoain era la calle donde vivía. Éste mismo era el peloterito de barrio al que se refería Hache Pe, y al que yo confundí una vez con el Hombre X.

Mi alusión o manera de referirme al hombre X venía desde los tiempos de El Cable, como cinco años atrás en que yo buscaba alguien con el cual construir una familia y me había ido a vivir con él totalmente convencida de que ése era el hombre X.

Aparentemente no teníamos nada que ver sin embargo entre ambos habían cosas inusualmente comunes. La primera; el alcoholismo de nuestras

"Las mil y una ping..."

respectivas progenitoras, tanto era así que Reverbero (31), su madre, al igual que la mía, eran muy populares en el barrio por las borracheras que armaban. La segunda: que los dos nos habíamos mudado por el mismo tiempo para la Cruz Verde.

Todo empezó cuando casi siempre coincidíamos en la parada de la guagua donde entablábamos interminables conversaciones sobre nuestras familias. El Cable se convirtió pronto en un gran colega con el cual compartía el mismo infortunio. Nunca habíamos hablado tanto como en aquellos tiempos a pesar de que nos conocíamos desde toda la vida.

No recuerdo el momento exacto en que me comprometí con él. Sin embargo en mi mente quedaron registradas muchísimas escenas de aquella intrépida convivencia, donde yo probaba toda novata a ser la mujer de un hogar perfecto sólo en mi ilusión.

La última vez que pasé por la casita donde vivíamos juntos me sorprendió una gran nostalgia. Lucía intacta cual museo erótico empeñado en guardar las más crudas colecciones de nuestros locos y apasionados momentos. Las paredes de madera retenían el azul celeste intacto que me invitaba a repasarlo todo como si en ellas se reflejara el diario donde escribí cosas profundas e inolvidables sobre él, y su enorme sexo que tantas veces me atravesó las entrañas en aquellas sabrosas noches de nuestra existencia.

Me acerqué a la ventana media abierta y vi ligeramente el pasado. Estábamos desnudos, yo clavada encima de él gritando de gozo mientras que con sus manos me acariciaba los hombros, los senos, de una forma tiernamente salvaje. Cuántas veces experimenté montada en él un desesperante jadeo que precedía el orgasmo, y cuantas veces se derramó todo dentro de mí y juntos terminábamos vertiendo sobre la bella alfombra de Damasco que poco después se robaron, impregnada de todas nuestras secreciones. Esa vez estábamos arriba, en el cuarto en plena función, yo ardía en un fuego que todavía él no me apagaba. Lo veo de pie frente a la cama, yo sentada en la orilla de la misma acariciándole aquello tan grande y

"Las mil y una ping..."

perfecto como el de ningún otro hombre, besándolo y lamiéndolo entre mis manos en un letargo, suplicándole que me lo entrara otra vez hasta el alma.

Vuelvo a escuchar un ruido de pasos en la sala. Algo que rozó la pared y la puerta que se cierra dejando en paz el silencio.
Desnudos y casi a ciegas bajamos la escalerita de tablas, encendimos una lamparita, cuya base era una figura femenina de yeso que sostenía un sombrero. Todo estaba intacto en la pequeña salita, los muebles de roble al estilo antiguo, la vitrina de cristal que mostraba una vajilla de porcelana, un gavetero, la cocina donde aparentemente ni una mosca sobrevoló los platos esmeradamente fregados, pero faltaba lo principal, lo que le daba vida a todo y lo convertía en un sitio maravillosamente acogedor: La alfombra de Damasco.

- Ladrón que roba a ladrón tiene cien años de perdón- exclamó La Albina en referencia a la desaparición de la alfombra. – ¿De dónde sacó esa casa?- agregó- ¿Será de él? - interrogó escéptica en su soliloquio – ¡Ay mi amiga, saliste de Guatemala y entraste en Guatepeor! ¡Este, te aseguro, es peor que Canelo!

Sabía muy bien que La Albina me había dicho eso por cosas evidentes que yo quería obviar en el éxtasis de mi delirio y que eran de dominio público, como por ejemplo que El Cable había tenido serios problemas con la justicia, que estuvo acusado de hurto, allanamiento de vivienda, estafa y no sé cuántas cosas más, de hecho no estaba cumpliendo condena gracias al silencio del hermano mayor, quien se había echado las culpas de un robo que habían cometido ambos.

- Allá nadie lo conoce – me justifiqué absurdamente – Yo quisiera que tu vieras como lo miran mis vecinas. Casi se babean.
- ¡Claro!, lo cortés no quita lo valiente – dijo La Albina con una sonrisa turbia - todo lo que tiene de bandolero lo tiene de buen tipo. Grande, fuerte, muy simpático, y para colmo una pinga enorme. No por gusto le llaman El Cable, a la Fulana de la

"Las mil y una ping..."

esquina la tiene traumatizada, él fue el que la hizo mujer – tiró otra sonrisa - imagínate que todavía anda detrás de él.

Después de un corto silencio llegó de golpe la pregunta atrevida.

- ¿Te la puedes meter completa? - y esperó poniéndose el dedo índice en los labios entreabiertos.

Estábamos sentadas como siempre en la Acera del Pecado donde se cocinaban casi siempre los peores acontecimientos del barrio, eso sin contar los chismes y enredos que de allí nacían. Ambas en actitud de extrema confidencia.

- Al principio no - le respondí ruborizada enroscándome entre las manos un mechón de cabello – Ahora sí, pero los primeros días no podía – concluí con mirada plácida.
- ¿Entonces no te duele? – me inquirió otra vez con ojos morbosos.
- Sí, claro que me duele... aunque no me importa..., me duele pero disfruto- le aseguré pensativa.

Me callé por un momento para continuar contándole lo de la noche anterior en que me la metía sin piedad, yo me quejaba y al mismo tiempo le suplicaba que no parara. Agachada en cuatro, con las nalgas empinadas hacia él me la empujaba toda, mientras me atraía por los muslos, abusadoramente, y me decía con voz excitada que yo era una glotona, una avariciosa "mira como te la tragas toda y todavía me pides más".

- Más, dame más- le rogaba en un quejido como una demente insaciable.

- No sigas – Demandó La Albina –que ya estoy toda mojada.

"Las mil y una ping..."

- Mojada me quedé yo – continué con desconsideración – empapada porque me la echó toda adentro, me dejó eso tan abierto que casi me cabía un puño.

Sin embargo jamás supuse que El Apuesto de Belascoain, también estaba muy lejos de ser el hombre X. Aunque su biotipo me recordaba ligeramente a El Cable, eran como dos polos opuestos. Este último, todo un galán de excelentes modales, y andar perfecto. Para haber venido de una escuela de paracaidismo no desempeñaba el papel en la serie del todo mal, y encima se codeaba con los más experimentados artistas. Por lo menos no me lo imaginaba en el pasillo trasero de nuestro futuro hogar inventando singarse a La Negra, como hizo El Cable a mis espaldas mientras yo ingenua miraba la televisión. Un adolescente me lo dijo al oído y por más que El Cable quiso saber su nombre, no se lo dije nunca, me lo guardé tanto así que ya no lo recuerdo. El caso fue que gracias al muchacho pude sorprenderlo en la oscuridad del pasillo con las manos en la masa, o más bien en las nalgas de la morena semidesnuda que lo abrazaba alborotada, esa fue la principal causa de nuestra ruptura. Dicen que el que ama siempre perdona, pero aunque El Cable me rogó mil veces que volviera con él y hasta me pidió que nos casáramos pero nunca pude perdonarlo.

Poco a poco dejó de dolerme; y para el tiempo en que conocí a El Apuesto de Belascoain mucho había escrito en los capítulos de mi vida sentimental por lo que me di cuenta que El Cable nunca tuvo mucha importancia. Si vuelvo al día aquel en que La Bestia me cantaba el singular tema Toda una artista" mientras yo esperaba a que me dijera lo que pasó con Hache Pe entonces tengo que decir que ya el romance entre El Apuesto de Belascoain y yo había comenzado desde hacía unos meses. Tan pronto lo vi me fijé en él inevitablemente, no tuve otra alternativa. El Apuesto de Belascoain me pareció algo así como un símbolo sexual. No obstante él casi ni me descubre. Era una esclava entre muchas que figuraban en la novela. Yo estaba disfrazada con túnica y turbante todo el tiempo. Muchas veces estuve cerca de él, no solamente en las escenas sino cuando hablaba con La

"Las mil y una ping..."

Parda, una negra entrada en años, a la que le faltaba la mitad del dedo índice.

Un día me atreví a preguntarle por qué él siempre iba a hablar con ella.
- Es mi amigo – me respondió con naturalidad.
- ¿Desde cuándo lo conoces?- seguí impertinente.
- Desde que empezó la filmación de la novela – respondió con paciencia – es un buen muchacho – agregó maternal
- ¡Quién tuviera la dicha de tener un hombre como ese! – exclamé soñadora.
- Nadie Sabe – me ilusionó sonriendo con su cara de vieja bruja – puede que sea tuyo un día – concluyó como si vislumbrara el porvenir.

No pude acuñar las alusiones de La Parda hasta por lo menos dos o tres semanas después del pequeño diálogo, una mañana en que llegué tarde a la grabación. Ya todo estaba listo pero sin mí no podían comenzar aunque yo no fuera nada importante. El caso era que si no aparecía en escenas donde previamente estuve, luego a la hora de editar no macharían.

Me presenté en pleno acto sudorosa de tanto que corrí para llegar a tiempo. Ya todos estaban vestidos, peinados y maquillados como en la época de la Colonia ensayando dentro de la bien decorada ambientación de barraca de esclavos. Las miradas se centraron en mí acusadoramente, me mareé un poco, sentí como si me fuera a caer de un barranco situado justo en el confín de mi propio universo, y para colmo, el director descargándome inexcusables regaños.

- Para tu próxima irresponsabilidad te quedarás fuera de la novela – me amenazó humillantemente – ahora ve rápido para Vestuario y Maquillaje –

"Las mil y una ping..."

Recordar es volver a vivir o a morir lentamente por eso no sé si vale la pena seguir desenterrando mi pasado, descubriéndome en crudas narraciones que me hostigan con implacable franqueza.

Si decido continuar guiándome por la cronología de los hechos, entonces no le tocaría a El Apuesto de Belascoain, pero los tragos amargos se beben primero. Hace poco soñé que subía una escalera vieja que serpenteaba por delante de las puertas de inmundos apartamentos, ascendiendo en pasos irreales, como si nunca fuera a llegar. Cuando conquisté el último escalón ya no había nada, ni siquiera techo o paredes, era algo llano y mágico.
Sólo veía un piso de cristal reluciente. Una mujer cincuentona me recibió con amabilidad, yo la conocía, era la vecina que años atrás le guardaba las llaves del apartamento a El Apuesto de Belascoain, un señor más o menos de esa edad estaba junto a ella dándome la bienvenida. Nunca antes lo había visto y ni siquiera ya puedo describirlo porque al despertar olvidé su rostro sin embargo recuerdo claramente lo absurdo del momento en que me extendió una mano, orgulloso, diciéndome que fue él quien murió en aquella maravillosa cama que se ocultaba tras las cortinas amarillas más adelante. Después que me tomó por un brazo y me introdujo a la habitación, desapareció.

Allí estaba El Apuesto de Belascoain acostado, tan bello como lo era entonces, sobre la misma cama donde quizá yo también había muerto por aquel tiempo pero en vida. Se incorporó sonriéndome e intento abrazarme. "Ahora ya no puedo" dije una y otra vez delicadamente "Sólo vine a verte, a preguntarte ¿cuántas personas pasaron como yo por esta cama?", "quiero también recordarte que esta no es tu cama, sino la de El Bello de Infanta, él te la prestó, y te prestó el apartamento también" "¿Por qué estás aquí todavía?" "¿Qué esperas?" Le hablaba despacio, como si quisiera hacerlo caer en cuenta. El sólo me sonreía tranquilo.

Esa mañana desperté recordándome cuando detrás del camerino me hizo un gesto para que viniera hacia él, y el primer beso que me dio allí mismo sin más ni más, sin que precediera ninguna palabra, ningún antecedente,

"Las mil y una ping..."

nada, sólo un beso de rincón en la semi penumbra de un estudio de novelas, un beso que me supo a gloria, como un regalo del cielo, tan inesperado como deseado. Luego las caricias, los apretones que incrementaban en mi las ansias de que me comiera viva. Otro más en la mejilla, en el cuello y aun alguno que se me metió por el oído seguido de un susurro de temporal despedida.

- Espérame ahora frente a Coppelia, por el lado del Yara, en cinco minutos estaré allá.

Fueron los cinco minutos más prolongados de mi existencia. Camuflada tras un cómplice poste, con los brazos cruzados bajo el pecho movía inquieta las piernas "Que nadie me vea" pensaba una y otra vez. Eran alrededor de las ocho de la noche y a unos metros de mi, a la otra orilla de la calle L, se desbordaba la fila de los aspirantes a tomar helado en Coppelia. Las guaguas repletas que pasaban, los autos y aun la gente caminando y hablando en alta voz empeoraban la algarabía que siempre había en el Vedado. Un tipo que pasaba por la misma acera en una bicicleta reparó en mí "¡qué bien te queda esa zayita blanca muchacha!" me dijo indiscretamente volteando hacia mí la cabeza y recorriéndome toda con la vista, mientras continuaba su indisciplinado andar.

Cuando vi aparecer a El Apuesto de Belascoain por la esquina del Yara exhalé un suspiro tan largo que me quedé sin aire. Traía un semi acampanado short de mezclilla y un holgado pulóver beige, hasta la estampada mochila en la espalda le lucía genial, resaltaba esplendoroso por encima de la multitud de la siempre poblada acera del cine Yara. Ya junto a mi me besó cortamente en la boca y me indicó que lo siguiera, tomando rumbo al pasillo del edificio que quedaba tras el poste en el que hasta entonces había estado parapetada.

Me sorprendió La Pérez de Barbacena que en el acto comprendió la situación. El Apuesto de Belascoain se detuvo esperando por mí un poco

"Las mil y una ping..."

más adelante simulando discreción y mirando ligeramente hacia el suelo. Por primera vez vi en La Pérez de Barbacena algo maternal.

- ¿Quién es ese muchacho Mayiye?
- ¡No sé! Trabaja en la novela que se está filmando- respondí con un poco de fastidio.
- ¿Cómo se llama?
- Tampoco sé.
- ¿Entonces qué haces con él? ... ¡Estás locas niña! Hay tantas enfermedades...

La Pérez de Barbacena no se detuvo, al contrario se deshizo en innumerables y apurados consejos a fin de que no me aventurara con el desconocido, mientras que mi seriedad no ocultaba para nada mi enojada tristeza, ni mi irreversible decisión que triunfaba ahora violentamente sobre todos mis sueños, mis inquietudes artísticas. Yo intuía mejor que nadie que esto me iba a perjudicar en todo, y en mis aspiraciones que ya de por sí no eran fáciles de lograr. Presumía que él amenazaba con dormir todas mis ilusiones y al mismo tiempo despertar mis más indómitos impulsos de mujer.

La Pérez de Barbacena nunca supo con certeza lo que sucedió esa noche. Nadie lo supo, sólo él y yo que por fin estábamos a punto de saciar nuestros deseos uno junto al otro en la amplia sala desprovista de muebles, nada mas había un viejo butacón azul prusia que recopiló nuestras primeras caricias íntimas. Yo ya estaba desnuda porque él me pidió que me quitara la ropa primero y que me sentara encima de sus piernas. Me excitaba que todavía estuviera vestido, sentir la piel de mi espalda sobre la tela que aun cubría su vigoroso pecho... los recuerdos exactos a veces se me desprenden de la memoria, como si los hubiera escrito en las hojas de los árboles que caen y con el tiempo se vuelven parte del suelo pero no mueren, sino que se vuelven materia orgánica para futuros retoños.

"Las mil y una ping..."

No sé ni cómo llegamos a la cama, ni cuando pasamos el largo pasillo que conducía al único cuarto cuya amplia ventana de cristal daba a Coppelia. Despojados de ropas, nos complicamos en la cama, no hubo tiempo ni de correr las cortinas. Él acostado me claveteaba mientras yo lo recibía semi sentada frente a él meneándome de gozo, acariciando sus pectorales y su cara, tirándomele encima a cada momento para saborear su incitante boca de labios gruesos, hermosos, suaves, como todo él. Con sus inmensos ojos caramelo me miraba insaciable. Fue una noche infinita, terminábamos y poco después volvíamos a empezar hasta que él se quedó rendido y yo todavía esperaba más.

Nuestros encuentros sexuales se repitieron casi a diario, no nos cansábamos de hacer el amor, siempre fue allí en aquel apartamento, en la misma cama. Experimentamos todas las posiciones habidas y por haber, a él le encantaba mirar por el espejo del armario a un costado de la cama como nos templábamos. Nuestra comunicación verbal era casi nula, se basaba en palabras locas, delirantes, gritos, gemidos de lo que luego ni quería acordarme. Hablábamos también para planear la próxima cita. Nunca conversamos de nuestras vidas, como si sólo importara calmar el deseo. Por lo menos así fue al principio. No sé si es porque las mujeres tenemos la de perder pero yo me fui enamorando de su silencio, de su pasión y de su sexo. Ya no podía estar sin su presencia.

Ni sabía de que se trataba la novela, ni que él era el protagonista, ni siquiera que le llamaban El Apuesto de Belascoain. Eso lo supe tiempo después. Yo estaba construyendo otra historia.

Escribir sobre estas cosas no es fácil, y mucho menos cuando se trata de alguien como El Apuesto de Belascoain. Hasta analizar lo que en realidad pasó me resulta imposible. Sólo sé que fue una relación muy intensa y contradictoria. A veces pienso que no fui una más para él, y que finalmente logré alcanzar algún espacio en lo más obscuro de su alma. Aunque no estoy convencida de eso. Tal vez lo sabría si algún día él también se decidiera a escribir sus memorias.

"Las mil y una ping..."

- Si ves otra como yo, túmbala que es de cartón.

Alardeaba La Rubia siempre con sus ademanes de bailarina de Tropicana, pero disfrazada como yo de esclava, en el maldito momento en que entró aquella mujer al estudio con un cuerpo despampanante hasta el sitio donde El Apuesto de Belascoain ensayaba. Conversó con él familiarmente, le dio un beso en la mejilla y luego se fue sin mirar a nadie. Casi me desmayo en ese instante.

- ¿Quién es ésa? – le pregunté a mi amiga con voz temblorosa y ojos húmedos.
- No lo sé – me respondió ella tomándome de un brazo y llevándome con disimulo a Vestuario - Estás blanca como un papel, tienes que hacer como que nada estuviera pasando, todo el mundo se va a dar cuenta de que te mueres por él.

Empecé a llorar como una niña.

-No llores – me suplicaba La Rubia secándome las lágrimas – Él no se lo merece, además estamos en la próxima escena justo con él.
- No quiero verlo más – dije mientras comenzaba a despojarme del disfraz de esclava.

Cuando entró El Tomeguín intenté esconderme entre los trajes de época colgados en percheros.

- Vine a buscarte..., niña pero qué haces ahí, jugando a los escondidos – dijo con su fina voz-Vamos anda y apúrate que ya va a empezar la escena.

"Las mil y una ping..."

El Tomeguín era mi socio por aquellos tiempos, nos llevábamos muy bien, y como asistía al director en la novela, él mismo me había puesto como una de las principales esclavas para que yo pudiera cobrar un salario decente.

- No quiero Tomeguín, no puedo ¿O es que no lo viste tan descarado con la puta esa?
- ¿Y eso qué tiene que ver con la escena?
- Que yo tengo sentimientos coño, tengo dignidad, sabes.

El Tomeguín se quedó impávido por unos instantes, yo continué:

- Lo que pasa es que tú eres pájaro, actúas de otra manera, no sabes nada acerca del orgullo de una mujer.

El Tomeguín me miró mientras alzó con feminidad una ceja. Luego me aclaró en tono bajo y tranquilo.

- Pájaros son las aves que vuelan. Yo soy homosexual, y para que sepas niña me han pasado cosas peores, pero mis deberes están primero, esa es mi consigna.

Esto último lo dijo un poco alterado pero acto seguido trató de calmarse para agregar.

- Está bien... si así lo quieres... ¡dichosa tú que eres mujer! No obstante este es tu dinero y el de la que tú trajiste al mundo. Si no vas a la escena el director te va a despedir. Así que sólo me queda pensar que eres más mujer que madre.

Por su puesto que la palabra Madre me la lanzó con la marcada intención de que reflexionara sobre el verdadero motivo por el yo que estaba ahí, pero eso no me detuvo, ni las palabras del director escupiéndome en la cara que estaba fuera de la novela, ni la impavidez de El Apuesto de Belascoain ante la situación, ni el verlo partir delante de mí con la tipa. La rabia me

"Las mil y una ping..."

cegó. No quería estar en esa novela, ni en esta vida tampoco. Quería volar, desaparecerme, llorar un mar de lágrimas que me ahogara como hacía tres años cuando los terribles acontecimientos del embarazo.

Caminé por toda la Rampa rumbo al Malecón, las olas seguían rompiéndose en el muro, exactamente igual que cuando El Difunto y yo nos dejábamos salpicar por ellas. Desde entonces mi vida había cambiado en mucho, pero sobre El Difunto ya hablaré en la Segunda Parte. Todavía no estoy preparada para resucitar ese muerto.

Hasta el momento en que El Apuesto de Belascoain partió con la tipa, yo era una más. Incluso cuando regresé con él, poco después que recuperara mi modesto papel en la novela, gracias a las reiteradas intervenciones de un repentino sindicato de asistentes, extras, figurantes y cocineros que para sorpresa mía me apreciaban. Nunca me sentí tan querida como en aquella época. Hasta Pura la hija del director estaba de mi parte, alguien la había defraudado como El Apuesto de Belascoain a mí, y compartía conmigo calladamente el mismo mal de amores. El caso fue que aproveché el rumbo que tomaron los vientos para reconquistar mi lugar. Lo único que me inquietaba era ver a El Apuesto de Belascoain todos los días. Ni lo saludaba y él parecía indiferente. A decir verdad yo estaba ahora más enamorada de él que nunca, recordaba las veces en que estuvimos juntos, y anhelaba repetir los acontecimientos, pero no se lo daba a demostrar, fingía estar tan indiferente como él. Las cosas marcharon así hasta un día en que metí la pata y lo eché todo a perder cuando inesperadamente casi tropiezo con él en Vestuario. Yo buscaba mi túnica y turbante, semidesnuda, entre los innumerables percheros con ropas y detrás de un traje que yo apartaba con las manos, apareció intempestivamente. Me asusté y luego me puse pálida, por poco me desmayo, intenté cubrirme el cuerpo con el primer trapo que encontré, La Rubia tuvo que venir en mi ayuda. El papelazo que hice fue tan grande que él sonrió, y siguió más adelante para conseguir algo, a los pocos instantes regresó hasta mí e inclinándose me susurró.

- No te tapes boba. De todas maneras ya te he visto antes.

"Las mil y una ping..."

Con la misma se escurrió entre las ropas. Sin embargo a mi no me hizo falta más para auto revivirme la esperanza. El pequeño suceso no se me quitaba de la cabeza, lo repasaba una y otra vez con millones de incógnitas encabezada por algún que otro quizá.

Por sí o por no me quedé quieta en base como en el más emocionante partido de beisbol. Un paso en Falso y podría perder la jugada.

"Las mil y una ping..."

Capítulo 7

El Apuesto de Belascoain y El Bello de Infanta...

Ya a la altura de las nueve de la mañana el sol picaba insoportablemente. La Rubia y yo habíamos quedado en vernos en un punto para de allí seguir caminando hasta el cercano Estudio del Focsa. Veníamos de dos polos opuestos por la distancia y el transporte. Ella de San Agustín en La Lisa y yo de Guanabacoa.

Siempre que nos encontrábamos nos abrazábamos largamente. El trayecto de menos de un kilómetro fue de lo más dinámico. No faltaron los piropos de cuanto hombre nos pasaba por el lado. La Rubia era una negrita muy simpática con un escultural cuerpo que había que decirle "Usted", y yo según ella le sacaba delantera porque encima tenía color cartucho, el pelo bueno y ahora largo (porque me había crecido) y me caía rizado hasta las nalgas. Alegaba que por eso aquel italiano que se nos había parado delante me había dicho en tono muy zalamero que parecía una brasileña.
También fuimos entrevistadas por un par de jóvenes del Noticiero Nacional de Cabo Verde para que le expresáramos algo a los de allá sobre el Festival Mundial de la Juventud y los Estudiantes que se celebraba por aquellos días en la Habana.

- Saludos para mi gente de Cabo Verde – dijo La Rubia ante la cámara interrumpiéndose con sus propias risotadas – aquí al lado les presento a mi mejor amiga la gran actriz Mayiye.

"Las mil y una ping..."

Hice un gesto con la mano saludando a mi hipotético público africano, y esperé para ver a dónde iba a parar La Rubia con su jarana.

- En estos momentos hace la más increíble de sus interpretaciones, es algo así como una comedia silente.

Los morenitos le tiraban miradas jocosas, parecía que habían captado el chiste. Yo la observaba con furia y risa contenida.

- Es la heroína de nuestros tiempos – agregó simulando un drama- Nunca vi a nadie tener tantos enemigos. Créanme, es un verdadero record.

Las carcajadas no la dejaron continuar molestándome. Finalmente los muchachos se alejaron para continuar con sus entrevistas.

Es cierto que La Rubia no era una vieja amiga, sino alguien que conocí gracias al azar, por esas cosas que tiene la vida que a veces nos cruza con determinadas personas en momentos específicos, sin embargo le profesé una amistad franca. Nos habíamos visto por primera vez disfrazadas ambas de esclavas, deambulando por las ilusorias escenas decoradas al estilo Colonial. En verdad el ambiente te remontaba a esa época y significaba para las dos un escape de la realidad, de nuestras, hasta ahora, irrealizables inquietudes artísticas, pues ella sufría el mismo dilema que yo pero con el baile, le era muy difícil conquistar un lugar principal en el Show de Tropicana y también figurar como una reconocida bailarina folklórica y popular. Yo le veía todas las condiciones pero le resultaba tan difícil eso como a mi conquistar un papel protagónico con el que pudiera demostrar todo mi talento. Cuando hablábamos de eso La Rubia citaba muchos motivos que nos impedían lograr nuestros sueños aunque para ella el principal de todos era el color, ninguna de las dos éramos blancas y eso era un nudo que no se podía desenredar tan fácilmente.

"Las mil y una ping..."

-Mira la televisión, hasta en las telenovelas latinoamericanas las protagonistas son de piel bien clara y ojos cristalinos - adjetivó graciosamente – En tu caso eres más clara que yo, tengo que admitirlo, pero si hubieras nacido en la Yuma otra fuera tu historia. Allá en Norte América mucha gente de tu color y del mío ha salido adelante. Tú eres tan linda o más que muchas blancas, pero naciste aquí, y encima no te acuestas con los directores y productores que andan como locos todo babosos detrás de ti.

- Si te refieres al Hache Pe, no me gusta para nada.
- Yo lo sé mi hermanita, y te entiendo, pero cogiste la profesión equivocada, vas a tener que dedicarte a otra cosa. Aquí desgraciadamente o tranzas y avanzas o no tranzas y te estancas- enfatizó esto último enredándose en su propio Trabalenguas.

Tal vez tenía razón La Rubia, pero no era tan fácil. Yo había crecido con ese bichito del arte en mi corazón. Ya a los diez años pertenecía al Taller de actuación de La Araña, quien hilaba muy fino a los muchachos con el propósito de convertirlos en grandes artistas. Les dio clases a muchos niños que ahora figuraban incluso como estrellas de la Televisión y Cine extranjeros, pero casi todos eran hijos de Personalidades.

Hacía poco me había llegado una citación para que los que fuimos sus antiguos alumnos le rindiéramos homenaje a La Araña porque ya estaba muy viejita. Me reí con ironía y con ironía hubiera podido acudir a la fiesta y abrazarla para agradecerle así sus malos tratos e indiferencia con los que no éramos hijos de nadie, con los que a pesar de hacer todo nuestro esfuerzo y tesón, nos quedábamos siempre en el Taller mientras sus preferidos iban a rodar novelas, películas, grabaciones de Radio y al Teatro o donde quiera que se necesitaran niños.

Debería darle un beso por forjar desde muy temprano mi baja autoestima, y un aplauso por mis miedos e inseguridades.
Lo mismo sentí cuando vi a la maestra Chocolate, con un montón de años arriba, saludándome en la parada del autobús y diciéndome que estaba muy

"Las mil y una ping..."

orgullosa de mí porque me había visto en algo por la Televisión. Apenas la conocí, de aquella robusta negrona no quedaba nada sólo pellejo y hueso. Era mi maestra sistemática de cuarto grado en tiempo simultáneo. No fue menos malvada que La Araña, a diferencia que sus agresiones eran también físicas. Me hacía poner las palmas de las manos hacia arriba para pegarme con una regla si no le decía bien las Tablas, el Abecedario y las más importantes fechas históricas. También se lo hacía a Pan con Huevo, a La Piojosa, y a Cara de Luna, que teníamos familias igualmente desastrosas, pero a Nariz de Cuchara y a otras por el estilo "todas de muy buenas familias" no, a estas nunca las tocaba. A ella le debo no saberme ninguna de las tres cosas por las que siempre me golpeaba, y sentir desde entonces que cualquier otra vida o familia podría ser mejor que la mía.

Sin embargo mi mamá a pesar de su adicción al alcohol nunca me dejó sin comer, y luchó a brazo partido para que tuviéramos lo necesario para vivir. El Willy fabricó una nueva casa, a pulmón, para que ninguno de sus hijos se mojara, ni las ratas deambularan más por las vigas del techo en las noches calurosas de verano. Incluso mi mamá se fajó con la maestra Chocolate una vez cuando se enteró que me encendía a reglazos por las manos.

Ahora Estaba frente a mí como si nada, aguardaba la prieta tal vez por un abrazo o por un beso.

- ¡Maestra Chocolate! – exclamé con el mismo respeto y miedo que ella me enfundara cuando era niña – ¡Qué bueno volver a verla!

Si estas mujeres hubieran sabido toda la responsabilidad que tuvieron en mi formación psicológica quizá hubiesen sido menos crueles, más humanas, más pedagogas. Aquella fue una época muy dura para mí en lo que respecta a estas maestras. Ninguna de las dos se conocía entre sí ni enseñaban lo mismo, pero ambas acabaron conmigo, cada una a su forma.
De cualquier manera no todo fue malo, de La Araña aprendí a moverme por la vida como si fuera una gran obra de teatro, donde muchas veces ríes

"Las mil y una ping..."

cuando precisas llorar o lloras cuando quieres reír, y de Chocolate, el conocimiento básico de que siempre que no haces las cosas bien sólo puedes esperar terribles consecuencias, aun cuando no sea directamente tu culpa.

Al llegar al estudio y tropezar con la mala cara que me puso La Salá una popular maquillista, comprobé un poco que el fastidio que se trajo La Rubia conmigo por el camino no era del todo irreal y que las mejores verdades se dicen jugando. Aunque La Salá no era el ejemplo más auténtico de mis enemigos, me había dado que hacer en los últimos tiempos. Me molestaba constantemente, desafiándome por cualquier cosa. Sin embargo yo nunca esperé semejante actitud, hasta me caía bien, era una mulata alta de pelo rizado al descuido, simpática y con sonrisa espontánea. No entendía por qué conmigo fue hacha y machete desde el principio. Terminamos enredadas a los pelos cuando me quiso sacar a la fuerza del Van de la novela a las dos de la mañana pretextando de que yo me senté en el puesto que a ella le correspondía. Ya La Rubia se había ido en el Van anterior. Le salté encima a la Salá y comenzó la función que duró unos minutos hasta que el propio director nos desapartó ayudado por varia gente entre las que se encontraba El Apuesto de Belascoain quien no perdió la oportunidad en plena algarabía para llevarme al apartamento con el cuento de que iba a calmarme. Ya por el día me había estado buscando hasta en el baño. No sé qué bicho le había picado pero me dijo que quería que habláramos.

Toda sudada, desgreñada y con unos cuantos arañazos, accedí a su oferta de que me diera una ducha. Me aseguró que el baño iba a tranquilizarme. Cuando el agua me resbalaba como en estrecha cascada por encima lo escuché preguntarme desinteresadamente algo así como.

- ¿Qué te pasó con La Salá?

Me hice la sorda y no le respondí. Ni siquiera supe qué decir, nada iba a hacer que él me comprendiera, tal vez ni le importara tanto. Mejor aguardaría a ver a mi amigo El Intelectual, seguro él me diría lo de siempre:

"Las mil y una ping..."

La misma resingueta de la belleza difícil, o acaso no tendría que esperar tanto, ya al otro día hablaría con La Rubia... ¿Y si el lío de La Salá era por el propio Apuesto de Belascoain? Me rompía la cabeza bajo el artificial aguacero. Cerré el grifo con roña. Me sequé con su toalla que estaba húmeda y que olía a él. Ya cuando me la enrollé en el cuerpo como un vestido y salí a su encuentro estaba impregnada con su peculiar y seductor aroma de macho.

¡Rabia! era la palabra oportuna para describir lo que sentía en lo más profundo por lo sucedido con la Salá, y sobre todo porque volví a caer en las garras de El Apuesto de Belascoain sin poder evitarlo. Ya esa cama me parecía un abismo donde me arrojaban sin remedio mis propios impulsos y debilidades.

Tan pronto aclaró me levanté sin hacer el menor ruido. Él estaba completamente dormido. Me detuve un poco para deleitarme mirándolo medio destapado con una fina sábana clara. Me lucía tan atractivo y perfecto como los pretty boys de las películas o de portadas de las revistas comerciales. Me debería dar vergüenza no amarlo por eso, sino por asuntos más románticos encabezados por el cariño, la ternura, el afecto y todo lo que tuviera que ver con el sentimentalismo usual en nosotras las mujeres... Y también por la ilusión de que un día podría convertirse en el hombre X ¡Qué necia! seguro no me daba cuenta que esto es cuestión de dos, y que la parte de él no mostraba nada parecido a otra cosa que no fuera un capricho, una pasión. Pienso que lo sabía desde el principio pero no hay peor ciego que el que no quiere ver. Seguí observándolo mientras me venía de golpe todo lo que sucedió en la madrugada cuando casi nos comíamos ¡Puro sexo! Todavía sentía las deliciosas cosquillas de cuando me la metía y yo lo recibía. Debajo de él con los más gozosos movimientos sensuales y lenguaje sucio con lo que nos expresábamos para ayudar un poco a desahogar tanto deseo.

Un ardor en la cara frenó mis recuerdos dando paso a un sentimiento limpio. Se me precipitó una lágrima. ¡Cuánto quisiera que éste fuera un

"Las mil y una ping..."

amor decente! Concluí mis pensamientos y me fui cerrando la puerta con cuidado de no despertarlo.

Nunca supe el por qué mis amigos varones siempre fueron homosexuales. Exceptuando al tal Justo Palomón y a un rubiecito peluquero de esa misma novela, entre los hombres gays y yo surgía fácil la simpatía y a veces una larga y duradera amistad. Por aquellos tiempos tenía a El Pavo, un blanco treintón de ojos grandes, nariz aguileña y melena amoldada con un grandioso toque femenino. Trabajaba en el comedor pero su meta era aparecer en alguna escena actuando para que su hija lo viera en televisión. Cuando me enteré le pregunté indiscretamente delante de una pila de gente:

- ¿Pero, Pavo cómo es que tienes una hija si a ti no te gustan las mujeres?

Todos se murieron de la risa a costa de mi abierta y espontánea pregunta.

A El Tomeguín ya lo mostré. También estaba El Trompo, un coreógrafo y bailarín quien aspiraba en esa época a que yo participara en una danza que preparaba para el Festival de raíces africanas Wemilere, que le bailara a Ochún, ya que según él representaría muy bien a la diosa mulata. El más cercano de todos fue El Balón. Un negro cocinero que tenía un asombroso parecido con un famoso y tradicional personaje al que no pienso mencionar porque entonces algún lector podría descubrir de quien hablo, y también porque existen las demandas...porque tampoco es ético... y porque... no me da la gana. ☺

Me gustaba oírlo hablar mientras cocinaba al compás de la melodía de Juan Gabriel, con un delantal blanco y gorro de cocinero, revolviendo grandes cazuelas con potajes.

- Pues si niña, a mi hermano lo metieron preso porque le dio por vestirse de mujer. La lengua se me caía de tanto aconsejarlo,

"Las mil y una ping..."

pero nada ese es una loca sin remedio. Yo si soy discreto porque tengo un trabajo que cuidar, una madre, y a él mismo que siempre lo voy a ver a la cárcel y a llevarle comida... ¡huy cucha eso!- interrumpía emocionado por un fragmento de letra en que el cantante entonaba el final de una melodía que decía algo así "que seas muy feliz mientras yo te sigo amando..." - Esa parte me pega con mi ex – me confesó en tono bajo- donde quiera que él esté yo lo seguiré amando.

¡Pobre de El Balón! Aquella era una época muy difícil para la gente como él.

Un día me mandó a llamar expresamente. Cuando llegué me recibió con una sonrisa rara, maliciosa.

- ¿Qué pasa Balón? - pregunté asustada.
- Te lo tenías bien calladito – me soltó con igual malicia.

Hice un gesto que denotaba confusión. No sabía a qué se refería El Balón, ni por qué estaba tan extraño.

- ¡Ese tipo es un sueño! – Afirmó e hizo un corto silencio para continuar aseverando- ¡es tan perfecto que no parece real! ¡Vaya una preciosidad!

En este punto fue donde caí de la mata. Me hablaba de El Apuesto de Belascoain, ¿pero cuál era la urgencia del Balón, y quién le había dado vela en este entierro?

- Caíste sin saber quién es verdaderamente- siguió con sus afirmaciones- a muchas le ha pasado lo mismo – me aseguró para empeorar mi intriga.

"Las mil y una ping..."

Yo me había sentado en el mismo banquito de madera desde donde siempre solía escucharle sus homosexuales cuentos mientras cocinaba. Esta vez me levanté rápidamente y me puse en guardia.

- ¿Es casado, o...?
- No mi vida – no abandonó su despiadada sonrisa- Siéntate otra vez no vaya a ser que te caigas. ¡Lo que tengo para ti es una bomba!
- Cuando terminó la frase esperó paciente a que yo me derrumbara en el banquito, algo me apretó aun más el pecho.

Ahora entrelazó sus manos bajo la barbilla como para decorar la insoportable sonrisa. Hasta que por fin sentí el estallido.

- ¡Tu adorado tormento... el símbolo sexual por el que todas ustedes se mueren, pertenece también a nuestro bando!

Tenía razón El Balón cuando me indicó que me sentara, me dio un mareo tan grande que comencé a verlo doble. No obstante estaba escéptica. Miré largamente las afeminadas caras de mis duplicados Balones.

- ¿Por qué me dices eso? – lo interrogué luego de que volviera a verlo normalmente- siempre te he querido mucho, he comprendido tus inclinaciones, pero no te voy a admitir que hables así de un hombre. No tienes derecho.
- ¡He dicho!- concluyó irreconocible, hasta la sonrisa se le había borrado, dejándome claro con esto que ya no hablaría más conmigo, por lo menos no ese día.
- Si El Apuesto de Belascoain lo coge hablando mierda lo mata de un puñetazo o si no lo hago yo mismo. ¡Para que aprenda a respetar a los machos! – bravuconeó El Camello – Los maricones siempre están en lo mismo. Cuando les gusta un tipo lo primero

"Las mil y una ping…"

que hacen es tratar de desprestigiarlo – agregó con un toque homofóbico.

El Camello era también actor y al igual que yo hacía un papel secundario, le decíamos así porque tenía una ligera joroba en la espalda a pesar de ser todavía joven. Nadie en la vida me hacía reír tanto como él. De todo hacía una sátira; de los problemas serios de la gente a nuestro alrededor, incluso le encantaba hacerse pasar por gay cuando íbamos juntos por la calle y además diría que le quedaba muy bien el papel cuando lo representaba.

- Eres un payaso – le dije un día cuando me acercaba a un grupo de figurantes y él me anuncio jocosamente.
- Por ahí viene la Maldad y el Crimen – todos se rieron.
- Pesado – le señalé con asertivo énfasis - Por eso siempre te dan papeles sin importancia.
- Tal vez – dijo desenfadado y mostrando su dentadura de porcelana que parecía postiza – pero te adelanto que eso es hasta un día mi querida amiga de farándula - deja que se den cuenta que me parezco a Robert Redford.
- Ya tu quisieras – le advertí con ademán de descredito.

Sin embargo aunque no lo decía en serio, ciertamente había en él un aire sutil que recordaba al afamado actor. No sé si era el corte de cara con una forma de ojos anglosajones y el pelo rubio natural que le caía en la frente, pero era indiscutible que Evocaba una divertida versión del Galán cuando tendría sus treinta.

Finalmente ni El Camello ni yo le dijimos nada a El Apuesto de Belascoain. No por lo menos en aquellos momentos. Decidimos no darle rienda suelta al chisme que se traía El Balón.

Una de esas tardes en que se filmaba la novela, yo había terminado temprano y salí por la parte de atrás del edificio. Fue un día muy aburrido.

"Las mil y una ping..."

La Rubia que no había venido, El Apuesto de Belascoain le dolía una muela y por tanto no podríamos encontrarnos.

Aunque la tapa al pomo se la puso El Intrépido, un trigueñito productor, casado por demás, que hacía un tiempo andaba enamorándome y precisamente escogió este día para enemistarse conmigo por la misma razón que Hache Pe. ¿Por qué con El Apuesto de Belascoain sí y con él no? Ya esto me lo sabía más de memoria que las propias canciones de moda y también todo el lío que solía venir detrás. Por eso mismo montaba en cólera muy a menudo ¿Quiénes se creía toda esta gente que yo era? una imbécil que tenía por obligación complacer sus caprichos sexuales si es que quería salir bien parada en la Televisión o en el Cine. Se equivocaban. No tenían la más mínima idea de que sin ellos llegaría a mi meta, por mis propias condiciones ¡El talento siempre se impone! Y yo lo tenía de sobra. Estúpidos, inescrupulosos, y estos no eran los únicos. Estaba El Placenta, que era asistente del encumbrado realizador El Insolente, el mismo Insolente que un día me dijo que pasara a verlo porque me veía muy buena; también estaba Cara de Tabla, otro de los influyentes directores; El Asiático quien termino presentándome a su nueva mujer y futura protagonista de uno de sus espacios y de paso restregándome en mi cara:
- En ese lugar hubieras podido estar tú.

No me alcanzan los dedos de las manos para contar a tantos descarados, y ahora por último tener que aguantar que estos dos me cuestionaran mi relación con El Apuesto de Belascoain ¡Me da la gana y punto!

Absorta en mi lucha interna tropecé con alguien que estaba sentado en un banco a la salida.

- ¡Qué grata sorpresa!- Exclamó - ¿Qué haces aquí? – preguntó acto seguido con la peculiar frescura que siempre lo caracterizó.

Lo que me faltaba para rematar el mal día, tropezarme en mi camino con este insoportable engreído; nada más y nada menos que El Bello de Infanta.

"Las mil y una ping..."

- Eso te pregunto yo – me detuve cruzando los brazos – ¿Qué haces tú aquí?

A El Bello de Infanta lo conocí desde que empecé en la Radio, incluso recuerdo con claridad la primera vez que lo vi atravesando el lobby con su aire arrogante. Siempre estuvo muy consciente de su estatura esbelta, su pelo negro y sus ojos verdes, por eso lucía tan pretencioso. Su estilo de vestir era original, con un toque sublime, artístico. Sin embargo trabajaba como sonidista y según me dijo una vez no soportaba para nada la actuación.

Puedo hasta sacudir el polvo de nuestro primer diálogo, recuerdo que se me sentó al lado descaradamente como si me conociera desde siempre.

- Me gusta lo que hago, la Radio es maravillosa- me comentó con naturalidad para después añadir con atrevimiento, sin ton ni son- pero más maravillosa eres tú.

Entonces no le di las gracias. Volteé la cara hacia el otro lado y pensé que se trataba de un auténtico Don Juan, un picaflor. Al ver que no se iba lo volví a mirar. Ahora si le di las gracias pero sin enseñarle los dientes.

- Me gustaría que me aceptaras una invitación- disparó directamente- Estoy fascinado contigo. Esto se llama amor a primera vista.

Por supuesto que no acepté. Ni lo conocía, sin contar que a las claras noté que quería jugar conmigo. A partir de ahí nuestras conversaciones fueron más o menos así. No se cansaba de tratar de llevarme como a un gato al agua, mientras que con el tiempo hicimos más confianza y comenzó a contarme con cuantas actrices de allí había salido. En La lista, que era larga, incluía a La Presumida una joven muy pedante a la que nunca le caí bien. Para ser sincera La Presumida era bonita, pero muy creída. Y tal como pronostica un refrán. "La belleza pierde su encanto cuando la vanidad

"Las mil y una ping..."

decide exhibirla". Supe que también ella salía con Hache Pe. Yo misma los vi juntos tomados de la mano.

Un día nos pasó por delante en la calle Infanta, al Bello... y a mí, con ademanes de estrella, simplemente porque había salido unos minutos en la Televisión. No nos saludó a ninguno de los dos.

- Déjala que se haga la recatada – se expresó El Bello de Infanta algo despechado mientras ordenaba unos guiones que el aire amenazaba con desordenar – que se crea la primera actriz – no es más que una loca en la cama que anda detrás de mí cuando le conviene. Yo hasta ya me aburrí de ella.

¡Con esos truenos no hay quien duerma! analicé rápidamente. ¿Así esperaba él que yo cayera en su jamo? Por esa razón nunca me interesé en él. Es más me caía hasta mal por su modo de ser, tan jactancioso y petulante.

- Esperando a un amigo – me respondió fracturando mis recuerdos en miles de partículas que yo había ensamblado durante unos largos segundos – quedamos en vernos para compartir – añadió mostrándome una botella de ron.
- ¿Trabaja aquí en la novela? – le pregunté olvidando que este era mi turno de responder hasta que él me lo recordó.
- ¿No me has dicho que estás haciendo por aquí?
- Disculpa no me di cuenta- me justifiqué- Estoy dentro de la novela, aunque no hago nada relevante.
- Al menos estás – intentó animarme – a mi amigo le llaman El Apuesto de Belascoain, es el protagonista– me informó con naturalidad.
- ¡El Apuesto de Belascoain! – exclamé sin disimular un asombro que no sé si El bello de Infanta advirtió.

"Las mil y una ping..."

De las otras cosas que me dijo ni me acuerdo bien pero eran más o menos las mismas de siempre. Invitaciones para salir y el babeo para lo que yo menos estaba en ese momento. Más bien cavilaba en cómo podría ser posible que fueran a tomar y a compartir si a El Apuesto de Belascoain le dolía la muela.

¡Me voy con mi música a otra parte! Pensé y Salí finalmente cabalgando sobre un terrible estado de ánimo, no sin antes desearle a El Bello de Infanta, con vehemente ironía, que la pasara bien con su amigo. Él me dio las gracias, no obstante yo juraría que en su rostro se empezó a dibujar una duda.

Cuando volví a encontrarme con El Apuesto de Belascoain ya se me había pasado el berrinche. El sólo hecho de estar cerca de él me daba una sensación de dicha tan grande que extinguía cualquier llama de rencor que pudiera arder en mi memoria. Estábamos sentados muy juntos en el descanso de la escalera esperando a que la vecina regresara con la llave del apartamento. Me tomaba los labios en algunos besos como un simple avance de lo que sucedería tan pronto pudiéramos entrar.

- ¿Sabes que me gustas demasiado? Me dijo sin articular apenas, como en un susurro.

Solamente un corazón femenino puede describir con exactitud lo que se siente cuando escucha eso del hombre que amas, de ése al que luchas afanosamente por conquistar. Le creí como tal vez lo hubiera hecho cualquiera otra en mi lugar, porque nosotras las mujeres somos hijas de la ilusión, esclavas de la esperanza, y victimas del capricho de poseer a toda costa, a veces, hasta lo que no nos pertenece o simplemente es un imposible. Aunque en mi caso específico, El Apuesto de Belascoain si podría, eventualmente, ser mío, sin ningún otro obstáculo. Casi me descubro en sus ojos brillantes, como los de un espejo, cuando lo miré intensamente para después, con una sonrisa modesta, revocar.

"Las mil y una ping…"

- ¡Mentiroso!
- Es verdad – afirmó en tono concupiscente- me das mucho placer mi amor – todavía no he visto a ninguna disfrutar como tú cuando estamos en la cama, y eso me maravilla mucho.

Se calló un momento, aunque su silencio fue insuficiente como para ordenar en su mente la idea de lo que realmente me quería manifestar. Ya me había recorrido con la vista algunas partes de mi cuerpo muy próximo a él, antes de anular el breve mutismo.

- No tengo dudas de que necesitas más.

Juro que no tenía ni la más mínima idea de qué estaba hablando, ni tampoco le di mucha importancia, hasta que finalmente añadió resuelto:

- Quiero invitar a alguien – no esperó mucho para seguir - Necesito saber si estás de acuerdo.

Todavía no lograba entender muy bien.

- ¿Invitar a alguien, para qué?

Se quedó callado, al menos unos segundos, sin atreverse a responderme, como si temiera mi reacción.

- Para que comparta con nosotros, en la cama mi vida – por fin se decidió.

Lo primero que me pasó por la cabeza fue que estaba soñando, tenía que estar soñando. Me puse de pie bruscamente a fuerza de indignación. Fue ahí donde me di cuenta que estaba más despierta que nunca.

Sentí que el mundo se me venía encima, tal como si me quisiera abrasar la lava de un enorme volcán y arder en las más horribles decepciones, desilusiones y desengaños.

"Las mil y una ping..."

Pude haberme ido de allí, haber desaparecido de su infame presencia, sin embargo no sé por qué vacilé y me quedé como una estaca clavada en el descanso de la escalera, inmóvil. Ya mis ojos no podían contener unas lágrimas a las que no quise darle oportunidad de viajar libremente por mis pómulos sofocados de impotencia, y me las sequé con las palmas de ambas manos. Ahora El Apuesto de Belascoain estaba parado ligeramente detrás de mí. Intentó tocarme por los hombros. Lo rechacé:

- Disculpa – me pidió hipócritamente – yo lo quería más bien hacer por ti. Para que gozaras el doble.

Me volteé hacia él, alegándole frente a frente.

- No me importa gozar con nadie más – ya casi la voz se me ahogaba, por lo que hice un apto para continuar explicándole – No te das cuenta que contigo me basta. Yo disfruto contigo porque siento algo especial por ti.

El me suplicó en cruel serenidad que volviéramos a sentarnos tranquilos. Cuando estuvimos nuevamente posados en el escalón me aclaró con malvada insistencia que, por el otro no tenía que sentir nada, que no se trataba de sentimientos sino de placer. Simplemente debía gustarme físicamente. Yo había enmudecido de angustia, me limitaba a escucharlo con pavor.

- ¿Conoces a El Bello de Infanta? – se aventuró.

No le respondí, ya esto era inadmisible. De repente se oyó el sonido imprudente de unas sandalias plásticas que atentaron contra la siniestra apacibilidad del viejo edificio. Al fin la vecina venía subiendo las escaleras. Cuando nos vio nos mostró las llaves con una sonrisa y exclamó sin saber el verdadero significado de su alegato.

"Las mil y una ping..."

- ¡Qué bonita pareja hacen muchachos!

Apunté la vista hacia la agradable cara de la cincuentona; le hablaba sin palabras, le revelaba desde mi silencio que las cosas no eran como ella pensaba, que estábamos muy lejos de ser una bonita pareja. Mis ojos, todavía húmedos lo atestiguaban, delataban mi angustia, mi sufrimiento y mis deseos de gritarle que no repitiera nunca más semejante idiotez, que escuchara la voz de su probable experiencia para que se diera cuenta que estaba ante la mujer más infeliz del universo.

Este es el capítulo de las preguntas sin respuestas, al menos para mí hasta el día de hoy. ¿Por qué caía en el mismo bache una y otra vez? Como si una tempestuosa fuerza me precipitara a sus brazos siempre que él quisiera.

- Olvida lo que te dije en la escalera – requirió tan pronto se me desplomó sin fuerza encima, completamente saciado.

No le respondí, ni siquiera quería recordar que una conversación así hubiera tenido lugar entre nosotros.

- Tan pronto me duche voy a salir, es que tengo un compromiso – me informó con apatía.
- Está bien – dije tranquila para luego lanzar con estúpida sumisión – ¿Nos vemos mañana?
- No sé, depende – me respondió como quien está dando curvas, es decir evadiéndome – Si hay tiempo, tal vez – se demoró un poco para añadir - Vamos a tomar esto a partir de este momento de un modo informal- rematándome despiadadamente.

Salimos juntos del apartamento y me acompañó a la parada de la guagua. Tampoco sé por qué siempre me tomó de la mano. Allí me despidió con un beso en la boca y se fue. Sólo ahora me di cuenta que alguien al que conocía

"Las mil y una ping..."

muy bien había contemplado la escena y se me acercó tan pronto se hubo marchado El Apuesto de Belascoain.

- ¡Si que eres rápida! – profirió en falso elogio - ¡Qué pronto te olvidaste de mí!

Era uno de los dos Amados que pasaron por mi vida. En efecto no hacía mucho que habíamos terminado un marinoviazgo que duró como ocho meses. No se me olvida el día en que lo vi por primera vez cuando venía de la previa del Servicio Militar, y su mamá me metió por sus ojos aprovechándose de la amistad entre ambas.

Todo comenzó por un negocio en que le pagaba a ella para que me ayudara con mi niña mientras yo iba a trabajar, y así nos fuimos compenetrando, me hablaba del hijo como si fuera el príncipe azul que hasta el momento hubiera estado esperando, y con él hacía lo mismo cuando lo iba a visitar al Campamento Militar me ponía a mi por las nubes. Por eso cuando nos conocimos en persona parecíamos como dos empleados, firmantes de un inexcusable contrato.

La madre no me mintió al describírmelo, realmente era un joven alto, rubio y de ojos azules, con mil quinientas cualidades entre las que se encontraban un premio al mejor gimnasta, cuyas evidencias me había mostrado un día en alguna edición del periódico. No obstante Amado no me dio ni frío ni calor. Tampoco yo parecía emocionarlo mucho a él. Empero comenzamos muy rápido una flemática relación que con el tiempo se complicó más y más.

Enseguida que llegó la guagua subimos y conseguimos sentarnos juntos en los asientos del fondo.

- No te creas que el mondongo es carne Amado – dije en pura jerga – me costó mucho olvidarme de todo lo nuestro.

"Las mil y una ping..."

- Pero lo lograste y muy bien- sonrió con ironía – El beso que te diste con ese tipo ahora mismo, lo resume todo.

Se abstuvo, quizás esperando alguna réplica, mientras el ómnibus siguió en marcha. Sin embargo yo no dije nada, paseé mi vista por algunos rostros sudorosos y hastiados del calor. Mucha gente que no alcanzaron asiento se aglomeraba y parecían caernos encima a causa del movimiento del vehículo, sobre todo cuando se hundía en algún bache o se detenía abruptamente en cada parada. Luego bajé levemente la cabeza para reflexionar sobre lo que iba a decir porque estaba muy confundida entre si debía justificarme o inculparlo a él. Lo advertí tan resentido que no parecía el mismo muchacho que me botó como si yo fuera un auténtico saco de basura.

- ¿Desde cuándo lo conoces? – me preguntó mirando hacia afuera por la ventanilla de la que nos separaban como tres asientos.
- ¿De verdad te importa lo qué hago con mi vida? – le pregunté asombrada por las razones antes expuestas.

Ahora dejó el paisaje afuera lleno de gente callejeando para arriba y para abajo, quemados por el incandescente sol para mirarme directamente a la cara y responderme como tantas veces con otra pregunta que caracterizaba su manera de hablar.

- ¿Qué tú crees?

Realmente no creía ni entendía nada.

- ¿A qué quieres jugar Amado? – respondí con otra más. Así lo había aprendido de él – en realidad tú nunca me quisiste y hasta ahora no te interesó que había sido de mi vida.

Ahora fui yo quien entornó la vista hacia otro lado.

"Las mil y una ping..."

- ¿Por qué estás tan segura? - la pregunta me confundió aún más – Muchas veces me he sorprendido a mi mismo pensando en ti.

Le clavé una mirada escéptica.

- Ven conmigo hoy - me arrojó por lo claro – Vamos a dormir juntos esta noche si tu quieres.

La propuesta de Amado me resultó tan invasiva como la que me hubiera hecho El Apuesto de Belascoain hacía unas horas. Los motivos eran diferentes pero en mi causaban el mismo nivel de disgusto.

- No acostumbro a dormir con hombres que no sienten nada por mí.

Mi vista salió por una de las ventanillas y se quedó perdida en la lontananza. Delante de mí sólo lo veía a él hacía un tiempo atrás echándome de su lado en la puerta de su propia casa. "No insistas, yo no quiero seguir con esto"- "¿Por qué?" Le preguntaba desconsolada "Ya yo enmendé todos mis errores, todo lo hice por ti. Tú no puedes hacerme esto". Recuerdo que lo último que me dijo fue "Ya no siento nada por ti" mientras yo reaccioné sonándole una galleta de tanta impotencia, que él no demoró mucho en devolverme.

- ¡Qué bien! – exclamó ahora aparentando serenidad – ahora eres la víctima.

Mi visión se alejó aún mas llevándome al cruel momento en que me puse por segunda vez a Merced de Manos Torpes. El doctor que más se encargaba en el hospital materno de Guanabacoa de inducir abortos. Me acuerdo que estaba acostada en la camilla con una sábana verde por encima mientras la anestesista me preparaba la vena y yo miraba afligida el rostro parco del médico criminal que dentro de poco iba frustrar la existencia de una futura vida, de mi embrión o mejor dicho de una semilla

"Las mil y una ping..."

que no planté sola sino que fue producto de nuestra unión, de nuestros genes y sangre. Las súplicas de Amado me venían como ráfagas que me atormentaban. "No interrumpas ese embarazo, te lo pido. Será algo tuyo y mío, que pronto va a crecer, a juguetear y a hacernos feliz, puedes estar segura de ello. Podríamos hasta casarnos vaya. ¿Qué te parece?" Aunque mis anhelos, impulsos y miedos me llevaron a tomar esa inconcebible decisión tuve un fuerte sentimiento de arrepentimiento. Decidí retractarme y continuar el embarazo. Ya lo había determinado; entonces quise hablar, gritar que me sacaran de ahí, que me dejaran correr donde Amado y pedirle perdón por lo que estaba a punto de hacer. No supe nada más hasta que me desperté en una pequeña sala donde otras homicidas como yo trataban de recuperarse.

- Puede que haya hecho algunos disparates, pero te quise mucho- argumenté regresando del penoso recuerdo.

- Te creo – afirmó enfocándome el rostro. Sus ojos relucían como faroles azules – lo que pasa es que como dice una canción, tú tienes una forma de querer un poco extraña - objetó en tono sarcástico.

Entre tantas cosas que pasaron, no sé exactamente a cuál hacía alusión. A lo mejor al día en que yo me encontraba en la Loma de los Tres Picos, vestida con unas ropas muy provocativas, tratando de parar autos de turismo que solían pasar por ahí, para ver si algún extranjero se me pegaba a fin de intercambiar mis favores por unos cuantos dólares que me permitieran liquidar los fundamentales gastos de la semana. Entonces fue que conocí a El Indio, su mejor amigo, aunque no de la mejor manera.

- ¡Oye mira que buena está esa mulata compadre!

Lo escuché clarito a mis espaldas pero no me volteé hasta que oí la voz de Amado diciéndole que yo era su novia. Fue la casualidad más grande de la vida encontrármelo ahí con ese joven delgado de piel tiznada y con unas

"Las mil y una ping..."

púas negras que se asomaban en el cráneo a causa del corte de pelo que usaban los reclutas.

Delante del Indio tuvimos una de nuestras peores peleas donde él me exigía explicaciones y me acusaba de que estaba "Jineteando" (32) yo me defendí arrojándole delante del amigo, que simplemente tenía que hacerlo: "porque tú estás en el Servicio Militar y no puedes ayudarme, mientras que yo tengo que mantener a mi hija" quiso agredirme, de hecho me logró hacer un rasguño en el brazo. Menos mal que El Indio lo aguantó.

"Tú no tienes que darle golpes" escuché al hermano del medio, tras la puerta de su casa en la noche, como muchas veces fue mi costumbre, para ver si hablaban mal de mí "Es una mujer y a las mujeres no se les pega, simplemente sepárate de ella y que haga su vida como le dé su gana" "Siempre te he dicho que esa tipa no sirve, acaba de mandarla para el carajo. Si le diste en el brazo, bien dado está, tenías que haberla engrampado mejor" Lo instigaba el mayor "La verdad es que tienes que terminar con ella ya" intervino la madre "Cuando te la traje te advertí que ahí no te podías enamorar".

Esperé un poco más pero Amado no dijo ni pio. Entonces volví a mi casa y me quedé tranquila pensando en cuántas noches pasamos sin dormir conversando sobre nuestras aspiraciones. Yo nunca le negué que quería irme del país, encontrar un futuro mejor para mi hija y también en cuanto a mi profesión. Aunque nunca me había visto no era un secreto para él que a veces probaba a salir con extranjeros. De la misma forma yo sabía que él quería irse a como fuera para USA y ganar no sólo premios en gimnástica sino dinero de verdad. Entonces no entendía cuál era el agravio.

Todavía no había pasado ni media hora cuando se me apareció diciéndome que no quería que saliera más, que pronto el terminaría el Servicio Militar y entonces las cosas serían diferente. "Si lo que tú quieres es salir del país yo te voy a sacar, no te preocupes, sólo dame tiempo".

"Las mil y una ping..."

Todo se arregló, aparentemente, porque yo en el fondo no le di mucho crédito a lo que me dijo. Ni aunque esas fueran sus verdaderas intensiones, de qué modo iba a conseguirlo. Entonces lo que hacía era que cuando él tenía que dormir en la Unidad, yo aprovechaba y salía en las noches.

- Sin contar que al principio yo te importaba un comino – dejó de contemplarme lo pensativa que estaba y volvió a mirar a través de los sucios cristales de las ventanillas.

No le respondí absolutamente nada, quizá por eso de que el que calla otorga. En efecto Lucas sí que me importaba. Lo conocí la misma noche en que Amado me pidió que no saliera más. Tan pronto se fue para su Unidad yo me arreglé, me puse un vestido negro que ya tenía planeado y partí un poco después rumbo al Hotel Riviera con Dedo de Oro, una negrita que vivía por mi casa y que se destacaba porque tenía una uña postiza del precioso metal. Como a las tres de la mañana ella atrapó a un español regordete que venía con un amigo "De dónde será el otro" me preguntaba sentada en un murito como a unos metros de distancia "De español no tiene ni un pelo" Así mismo era literalmente, ya que el cabello lo llevaba en una corta melena con rizos rebeldes, además tenía la piel atezada, estaba delgado, llevaba camiseta, pantalón corto y chancletas como mucha gente que opera por aquí. "Ese es un puto, un jinetero" pensé y por lo tanto no me acerqué ya que con los cubanos jineteros no quería cuentos.

Como a los cinco minutos Dedo de Oro me hizo una seña para que me aproximara.
Tan pronto llegué hasta ellos me comentó la negrita.

- Es que Lucas te quiere conocer – me indicó al hombre de tez cobriza y de pelo rizado.

Extendí mi mano algo confusa para presentarme.

- El gusto es mío – me respondió con perfecto acento Ibérico.

"Las mil y una ping..."

Cuando entablamos conversación en un pequeño bar restaurante entre algunos aperitivos y licor supe el por qué de su apariencia diferente, a la que se le sumaba nariz recta y labios delgados. Tenía grandes ojos negros que relucían vivaces bajo tupidas cejas. Su madre había sido una morena cubana que falleció cuando él era todavía un niño. Lo crió su padre y una tía "españoles de pura cepa" me dijo. "Nací en España hace treinta y cuatro años y esta es la primera vez que piso la tierra de mi progenitora". Lucas y su amigo eran médicos y habían venido para una conferencia aclaratoria sobre la certeza o falsedad de la terapia cósmica. Me contó que también administraba junto a su esposa una empresa de seguros de autos, que tenía tres hijas, y me dijo un montón de cosas más a las que no prestaba ya mucha atención porque estaba fascinada con su figura, su modo de hablar, sus ademanes de tipo interesante y talentoso todo mezclado con ese acento que me resultaba seductor.

- ¿Eres prostituta, o mejor dicho Jinetera como le llaman por aquí? – Me preguntó con una espontaneidad que me dejó asombrada.
- No exactamente – respondí después de bajarme un trago para ayudar en algo a digerir su atrevimiento.
- No vine aquí por estas cosas – se refería a las mujeres – sin embargo me encantaría estar contigo – prosiguió con claridad - ¿Cuánto me cobras por pasar conmigo el resto de la noche?

Si por mí hubiera sido no le habría cobrado nada. Lo encontraba tan agradable que me retribuiría más con placer que con dinero. Pero al fin y al cabo por dinero andaba yo por allí, lo necesitaba para mantener a mi hija. Quedamos en una cifra que nos pareció buena a los dos y nos fuimos a un cuarto que alquiló por los alrededores.

Tuvieron que pasar los días para que yo fuera olvidando poco a poco al español cuya sangre cubana me demostró intensamente esa noche en el sexo. Aun cuando me acostaba con Amado no dejaba de pensar en él, de

"Las mil y una ping..."

recordar cómo me chupeteo el clítoris con estupenda maestría hasta que exploté del gozo, ni cuando con descaro me pidió que me empinara para que le diera el culo, derramándomela toda adentro después que se cansó de empujármela hasta atrás en un deleitoso meneo.

- Al principio como bien tú dices, pero después las cosas cambiaron Amado - al fin le repetí par de veces porque hablaba muy bajo y entre el ruido del ómnibus, el gentío y el barullo no me escuchó bien – entonces fuiste tú...
- Ya no vale la pena- me interrumpió en tono extenuado – cada cosa tiene su momento bárbara – me nombró como acostumbraba a veces en su fraseología de barrio – y lo de nosotros claramente ya pasó a la historia.

El me truncó el tema pero yo seguí pensando en el giro que tomó nuestra relación. Fue después de la noche que en La Cecilia cedí a un trato con el custodio en el cual él me dejaría entrar a cambio de unas caricias ya que no hubo otra forma de que Dedo de Oro y yo pasáramos por qué no encontramos ningún extranjero que nos pagara los cinco dólares que costaba la entrada.

A pesar de la semi penumbra dentro de la caseta podía alcanzar a ver el rostro libidinoso del custodio que me manoseaba de un modo enfermizo como si nunca antes hubiera visto a una mujer, en cambio era un joven simpático con inmensos ojos claros que aprovechándose del pacto me pidió con morbidez que le hiciera una pila de cosas locas. "Dale mamacita, mámame la pinga". Posteriormente a que se la chupara bastante, prendiéndomele del órgano cual si fuera una ternera, no se conformó y siguió toqueteándome y besuqueándome. No sé con exactitud en el momento en que me embullé tanto como para permitirle que me la metiera, teniendo con aquel extraño un abierto y desprotegido contacto sexual de pie, allí, los dos en el pequeño espacio de la caseta de los custodios. Al salir de la garita un chorro de semen me corría por las entrepiernas sobrepasando el largo de mi corta saya.

"Las mil y una ping..."

Aquella noche no encontré a nadie, me la pasé hablando boberías con un italiano medio loco al que ni entendí bien. Además muy deprimida, preocupada, reflexionando por primera vez si debía hacerle estas cosas a un joven como Amado que después se acostaba conmigo como un tonto sin saber si quiera que sorpresa podría llevarle. Sentí vergüenza y miedo de mi misma. Ya no quería volver a la Cecilia, ni al Hotel Rivera, ni a ninguna parte. Solamente pensaba en Amado. Como si sólo ahora hubiera descubierto que debía recapacitar sobre la idea de esperar tranquila a que él terminara el Servicio Militar, confiar en sus promesas aunque me parecieran bien remotas.

Llegó a mi casa por el mediodía, todo estaba patas arriba, había sido una mañana sumergida en alcohol para mis padres. Le pedí a que nos fuéramos mejor a su casa, allá todo era diferente, cada cosa en su sitio, con olor a limpio, y sobre todo había un ambiente tranquilo como el que ahora necesitaba tanto.

Por aquellos tiempos nuestra relación se tornó espléndida. Mi corazón comenzó a latir de un modo diferente cada día cuando llegaba Amado de la Unidad. Como era alto, me encaramaba siempre en la punta de la cama para abrazarlo tan pronto se acercaba, ya no me daba igual. No quería ni por asomo pensar en que podría perderlo. Andábamos de la mano, nos duchábamos juntos, hasta llegó a tomar la costumbre de depilarme él mismo. Yo planchaba su ropa militar y me ocupaba de sus cosas.

"Amado llega aquí primero que a su casa" me reclamó un día la madre quien había cambiado mucho conmigo, ya no era en absoluto amigable, más bien parecía mi rival "¡Ah y quería aclararte que la ropa a mi hijo se la plancho yo!"

Así de igual otro día mientras me acercaba a su casa y ya escuchaba la música de Enrique Iglesias, que era su cantante preferido, el mayor de los hermanos advirtió de mi presencia primero que los demás. No hice más que

"Las mil y una ping..."

tocar la puerta y sentí que alguien cambiaba el disco abruptamente pasando del tema "Si tú te vas" por otro muy popular por aquellos tiempos en cuyo estribillo el coro repetía "Pero que no me digan en la esquina el vena'o, el vena'o" .Nadie me abría la puerta, entre tanto yo escuchaba el reclamo de Amado a su hermano pidiéndole explicaciones del por qué le había cambiado la canción y hasta hubo una riña entre ellos. Las cosas llegaron hasta el punto de que la madre una vez ni me dejó entrar argumentando que Amado estaba muy flaco "¿quién sabe si lo enfermaste? porque tu andabas con hombres por ahí, yo misma te vi bajándote de un Tur (33); o a lo mejor le estas echando brujería.

Amado por su parte comenzó a unirse más a su familia, empezó a tratarme mal cada vez que yo me acercaba a su casa. Apenas venía ya a verme.

Ya cuando estaba dispuesto a dejar el asiento para ir rumbo a la puerta me dio un sencillo beso en los labios que me recordó asombrosamente una de nuestras charlas nocturnas cuando leíamos en medio del desvelo un nerudiano poema de amor. El beso me resultó como un murmullo que llenaba mis sentidos con la estrofa que intentaba resolver el indescifrable enigma "no sé si me quisiste, no sé si te quería, o quizás nos quisimos demasiado los dos."Enseguida que lo vi bajarse de la guagua rumbo a su casa me di cuenta que él tenía mucha razón al decir que lo nuestro había pasado a la historia.

La relación entre El Apuesto de Belascoain y yo continuó, desde luego de un modo informal, como él mismo me pidiera una vez. Nos veíamos de Pascuas a San Juan, en el apartamento prestado por El Bello de Infanta. No obstante en la intimidad ya no sucedía como al principio en que él casi me despedazaba del deseo. Más bien estaba envuelto en una tediosa apatía, asociada al implacable desgano con que me recibía en aquellas insoportables horas que pasábamos juntos. Me desesperaba su indiferencia y su pereza. Ya no comprendía el por qué de los encuentros sexuales que

"Las mil y una ping..."

aunque espaciados él nunca dejó de propiciar. Obviamente le faltaba algo, tal vez una chispa, una llama que yo podría perfectamente encender.

Un día me fui al departamento de Educación Sexual a ver a Buena Fe, la psicóloga que me asesoraba cuando escribía para un programa de orientación para jóvenes. Le conté el dilema con lujos de detalles. La propuesta indecorosa de El Apuesto de Belascoain, también le dije sobre su decisión de que nuestra relación fuera informal y como tema final le puse la dejadez con la que me acogía en la cama.

Buena Fe me escuchó con la paciencia típica de los "encargados" de la salud mental. En ningún momento se inmutó a pesar de las atrocidades que le estaba confiando. Sus ojos carmelitas tenían un brillo juvenil aunque ella no lo era tanto ya que tendría más de cuarentaicinco años. Su piel blanca mostraba algunos pliegues lógicos de la edad, sin embargo le lucían simpáticos. El pelo teñido de rubio, suelto y ensortijado, le daba una inequívoca apariencia de mujer progresista. Como además trabajaba de Asesora en programas de Radio y Televisión conocía muy bien tanto a El Apuesto de Belascoain como a El Bello de Infanta.

- ¿Qué quieres que te diga? Me preguntó con serenidad.
- Buena Fe, necesito tu consejo – dije un tanto desesperada.
- Si no te conviene la relación con El Apuesto de Belascoain déjalo. Nadie te lo impide.

Ahora no me pareció sincera, en su recomendación había un toque sarcástico.

- No puedo. No es tan fácil ¿Crees que no lo he intentado? Tú eres mujer y sabes que cuando una está enamorada lo que quiere es mantenerse junto al hombre que le gusta a una.

Buena Fe escribía algo referente a su trabajo en la computadora y el teléfono comenzó a sonar hasta que ella respondió entablando una

"Las mil y una ping…"

conversación con alguien. Yo me sentí ignorada, sola, con la única expectativa de su respuesta como si esta fuera el antídoto que me iba a salvar de que El Apuesto de Belascoain no terminara hastiándose de mi para siempre.

   Mientras ella atendía sus asuntos yo me quedé pensando en las veces que decidí no verlo, hacerme la difícil para conseguir recabar más su atención. Recuerdo que un día en que me duchaba encerrada en mi cuarto me invadieron unos deseos incontrolables de estar con él. Mis bembos se me hincharon y de la vagina me empezó salir una baba que me embarraba hasta el principio de los muslos, el clítoris me latía al compás de mi corazón acelerado y en mi pensamiento sólo se encontraba él cogiéndome desaforadamente. No tuve como apagar tanta fogosidad, ni siquiera masturbándome se me calmaba el deseo. Llegaba al orgasmo y seguía con la misma ansiedad. Probé volviéndome a frotar con los dedos pero encaramándome esta vez encima de un palo gordo y redondeado que adornaba las esquinas de la cuna donde dormía en las noches mi hija. Apoyada en un banco y pasando otro pie sobre la baranda me meneaba con frenesí, poco a poco se me metió todo el madero. Casi me desgarro toda, quedé tan adolorida que tuve miedo haberme hecho daño, no dudé en intentar contárselo a Simbad el Marino, esperando algún consejo sobre si ir o no al médico, pero no pude terminarle la historia ya que mientras le hablaba tuvo una erección y se fue apurado a su casa, seguramente para terminar en el baño también masturbándose.

- De lo contrario – por fin me atendió nuevamente Buena Fe – dale por la vena del gusto. No te queda de otra. El Bello de Infanta y él son dos buenos machos.
- Buena Fe ¿Qué me estás diciendo? No te das cuenta que él me quiso usar – repliqué un poco enojada.
- Úsalo tu también a él – dijo resuelta en deliberado feminismo.
- Pero…

"Las mil y una ping..."

- Viniste para que te diera un consejo – me interrumpió – ya lo tienes. Si quieres pelear por tenerlo a tu lado, hazlo usando sus propias armas.

Mi conversación con Buena Fe hizo que giraran en 180 grados el rumbo de los acontecimientos, al punto tal que tan pronto nos vimos fui yo la que retomé el tema que supongo El Apuesto de Belascoain había dado ya por perdido.

Estábamos en la escalera, como siempre esperando por la llave que tenía la vecina. Lo había acabado de complacer yendo a Coppelia con un vestido blanco, bien corto y acampanado con el que se le antojaba que pasease pero sin blúmer.

No estábamos sentados como de costumbre, sino parados en el descanso de la escalera, El Apuesto de Belascoain con la espalda recostada a la pared y yo también de espalda reclinada sobre él que me estrechaba sobre mis hombros poco cubiertos por las finas tiras del terso vestido tan fino que parecía de látex.

- ¿Todavía está en pie la propuesta? – pregunté espontánea y maliciosamente, mientras mi vista inquieta buscaba algún peldaño de la vieja escalera donde por fin posarse.
- ¿Qué propuesta? – inquirió en tono bajo y poco sorprendido.

Rápidamente me volteé descubriendo en sus ojos que él sabía muy bien a qué me refería.

- ¿El Bello de Infanta...? – de todas maneras quiso estar seguro.
- Si – le confirmé con encubierta sonrisa.

Tan pronto la vecina se asomó con la llaves nos vio abrazados, con las bocas unidas en un desenfrenado beso que ratificó aun más su opinión de la linda pareja que hacíamos.

"Las mil y una ping..."

La saludé contenta como nunca antes ¡yo estaba tan esperanzada! Es que por primera vez en días El Apuesto de Belascoain me había respondido apasionado, como al principio. Es cierto que yo había aceptado "una propuesta indecorosa", pero qué más daba. Por ahí siempre dicen que el fin justifica los medios.

Sin embargo muchas cosas pasaron antes de que tuviera lugar el alucinante trío. A El Apuesto de Belascoain lo había precedido el otro Amado con el que tuve una breve y no por esto menos profunda relación. Todo empezó justo cuando agonizaba el romance con su tocayo.

Por cuestiones familiares había visitado una noche mi casa. Precisamente era uno de los hijos "regados" del mujeriego Sin Tierra a quien conocía desde pequeña porque era como un hermano para mi papá y ambos andaban juntos desde que yo no pensaba ni nacer. Había sido campesino desde niño allá en el oriente del país hasta que mi difunta abuela lo albergó en casa cuando falleció la madre de él. En La Habana se trató de civilizar..., o al menos pretendió a toda costa ser un hombre de la Capital. Sin embargo yo no me tragué nunca la imagen que él quería vender a todo el mundo, a pesar de sus sucesivos y reemplazados matrimonios con esposas finas y estudiadas. Siempre lo vi como un tío ligón, que se creía un don Juan con sus ojos de gato, pica flor de los palotes. Ni sé que virtudes le veían las mujeres para entregarles su corazón, si siempre las dejaba embarcadas, hasta llegó a tener a dos de ellas pariendo juntas en el mismo hospital.

No reconocí al otro Amado ni aun cuando ya estaba frente a mí en mi cuarto para saludarme. Ni me imaginaba quién era ese joven delgado, alto con mirada cristalina.

- Soy tu primo – exclamó con una sonrisa, tratando de disipar la duda en mi cara.

¡Qué raro! Conocía a todos mis primos como a la palma de mi mano y a él no lo recordaba por ningún lado.

"Las mil y una ping..."

- El hijo de Sin Tierra con La Dramática de la Cotorra.

Aportó desenfadado haciendo alusión a como le llamaba mi familia, cariñosamente a su mamá a causa del famoso y frustrado amor que le profesaba a Sin Tierra y porque ella era oriunda de un barrio llamado La Cotorra. Valió la aclaración porque Sin Tierra tenía como seis hijos con cuatro diferentes mujeres reconocidas, y un sin número de amoríos anónimos.

- ¡Ah! – al fin caí de la mata – ¡Dios mío! ¡No te veía desde que éramos niños! ¡Cómo has cambiado! -me justifiqué sin mentir.
- ¡Tú también y mucho, estás tan bonita! – me lanzó con acentuada admiración.

Amado era espontáneo, risueño, alegre y sobre todo muy conversador. No se demoró en darme las gracias por lo que había hecho con su hermana, La Gaviota, ni en entablar una charla sobre sus preocupaciones por ella.

- La Gaviota ya va para trece años y Sin Tierra no se ocupa de ella – se quejaba – Anduve toda la tarde buscándolo para que me diera el dinero que le toca a su hija – agregó con disgusto – yo no puedo hacer más, no tengo trabajando todavía, estoy pasando el segundo año del Servicio Militar.
- ¿Te dio el dinero? - le Pregunté preocupada.
- Sí, pero incompleto, o sea, una limosna – me respondió en un gesto de resignación.

Acto seguido cambió el tema, habló de los cantantes del momento, del último grito de la moda y hasta de los nuevos modelos de autos en Estados Unidos.

"Las mil y una ping..."

- Si me fuera para los EE UU no me quedaría en Miami – dijo resuelto – seguiría para arriba, para el hielo – terminó con expresión soñadora.
- Ya vengo – me advirtió esfumándose.

Volvió rapidísimo con un vaso repleto de ron y me lo ofreció.

- Yo no bebo – dije rechazándolo con la mano
- Yo tampoco – volvió a sonreír, como si quisiera darme la impresión de que todo era color rosa - por lo menos no bebo todos los días – me aclaró - pero no me hagas el desaire – insistió con impertinencia.

Bebió un trago y me ofreció el vaso, su insistencia me resultó tan simpática que finalmente accedí. Tragué el ron raspándome la garganta, tosí un poco y rápido le devolví el vaso.

- En realidad no somos familia – le expliqué para luego intentar restregarme la lengua con el cielo de la boca porque el ron todavía me ardía.
- Es como si lo fuéramos – bebió y me volvió a dar el vaso.

Tomé otro sorbo que me volvió a quemar provocándome un poco de carraspera.

- Entonces somos primos por parte de chiva – afirmé risueña, un tanto contagiada por él.

Después del tercer buche ya estaba mareada y más feliz. Lo cierto es que unos minutos antes de llegar Amado, estaba enloqueciendo de tristeza, rompiéndome el coco buscando el verdadero por qué de que el otro se hubiera alejado así, triturando todas mis esperanzas, mis anhelos y las serias intensiones que tenía de que pudiéramos casarnos. Me sentía la persona más sola del mundo. Por eso bebí el trago y le sonreí a este Amado, había

"Las mil y una ping..."

llegado justo a tiempo, cuando ya no podía nadar más en el mar de mi infelicidad y estaba empezando a hundirme.

- ¡Si tú supieras! ¡Hoy Estaba tan triste!

Le confesé sentada en el murito interior al pie del marco de la puerta.
Amado sentado a mi lado me miraba con grave presunción. Sus delicadas facciones querían repetirse ante mis ojos.
Se atrevió a tomarme la boca en un beso que aprovechó para echarme más alcohol.

- Así se olvidan las penas – dijo tan pronto me despegó sus labios – por lo menos eso dicen.

Me apartó con gesto cariñoso unos mechones de pelo que me caían en los ojos obstaculizando mi visión.
Así estuvimos largo rato jugando a los besos mientras nos pasábamos la bebida. Ni sé cuando se fue.

Al otro día en la noche se apareció en mi casa. No lo vi, pero lo escuché muy bien cuando le respondió a Sin Tierra.

- ¿Por qué no puedo bajar a verla a su cuarto?
- Porque yo te digo que no - Respondió el padre impositivo.
- ¿Y quién eres tú?
- Tu padre y punto.

Ya la voz de Sin Tierra estaba alterada.

- Mi padre ahora, no me digas chico, tú que nunca te has comportado como tal.

Sin embargo Amado no se alteró, aunque habló con firmeza. De verdad que me asombraron las leyes que tenía.

"Las mil y una ping..."

- Dime cuándo te has ocupado de mí. ¿Cuándo te preocupaste si algo nos faltó a mi hermana y a mí? Dime si alguna vez has ido a la Unidad donde estoy pasando el Servicio Militar Obligatorio, para saber por lo menos dónde estoy metido. Dime con qué derecho me dices lo que tengo o no que hacer.
- Te digo que te vayas ahora mismo- gritó Sin Tierra - no vas a ver a nadie.
- ¿Por qué?- reclamó Amado con fastidio.
- Porque... - Sin Tierra vaciló un poco –... ustedes son primos.
- ¡Primos! – Dijo Amado con risa forzada – No somos nada y ni siquiera nos conocíamos.

Finalmente sentí la voz del Willy diciéndole con afabilidad que era mejor que se fuera ahora y no se enfrentara a su papá.

Ya no escuché nada más. Presentí que Amado se había ido entonces tuve un impulso de ir tras él. Entre nosotros no hubo nada trascendental la noche anterior, pero me parecía injusto que no lo dejaran pasar a verme por un absurdo parentesco que no existía. No obstante me contuve para no echar más leña al fuego. Ya lo vería en otro momento y hablaríamos de la tormenta que hiciera Sin Tierra en un vaso de agua. Al poco rato sentí una aniñada voz que preguntaba por mí.

- ¿Tampoco yo puedo ver a mi prima?

Enseguida reconocí el timbre de voz: era La Gaviota.

-Primero echaste todas las pulgas que quisiste aquí, y ahora vienes de recadera – le dijo el padre con cinismo y reproche.

Rápidamente me asomé y la llamé por el apodo que le habían puesto desde muy pequeña por su leve parecido a la cara de una actriz colombiana que interpretara el personaje de "La Gaviota" en un famoso culebrón. Se

"Las mil y una ping..."

daba bastante aire sobre todo en la inmensidad de sus ojos verdes y delgadez de sus diminutos labios. La invité a bajar a mi casa.

- Dice mi hermano que necesita verte urgente. Está arriba en la parada de la guagua- me secreteó apurada - Creo que está loco con contigo, no hace más que hablar de ti desde ayer que llegó a la casa – continuaba como un cotilleo.

Le sonreí a La Gaviota. A pesar de lo avispada que lucía yo le tenía lástima por el modo tan déspota en que vi como Sin Tierra la trataba mientras vivió conmigo, y la silenciosa obediencia con que ella le respondía.

En cuanto a los Amados no entendía por qué yo le atraía a este mientras el otro me rechazaba.

Ya en la parada me hablaba con acentuado entusiasmo de todo lo que sintió al verme, que no podía dejar de pensar en mí ni un minuto desde la noche en que me vio, que inmediatamente que saliera del Servicio iba a ocuparse de todo lo que le hiciera falta a mi hija y a mi... y muchas otras cosas más.

A pesar de que mi alma continuaba estropeada por el otro, este Amado me caía bien, y por eso lo escuchaba tranquila, apacible. Por dentro me negaba rotundamente a continuar siendo una infeliz reincidente que cree una y otra vez en imberbes promesas. Ambos Amados tenían unos 20 años, como 6 menos que yo.

Sólo la Gaviota y alguien más estaban en la parada oscura lejos de nosotros a la espera de un ómnibus que los regresara a su casa. Sus besos y abrazos me hicieron sentirme menos desdichada, e intentaban reparar un poco el amor propio que el primer Amado me había destrozado.

- No sé cuál es tu tristeza – me decía La Albina – Este Amado esta mejor que el otro, es una preciosura. Y con buenas intensiones ¡Vaya suerte la tuya!

"Las mil y una ping..."

- Es simplemente un muchacho Albina – repliqué escéptica- No puedo tropezar dos veces con la misma piedra.
- No tienes que juzgar a todos por igual...

La Albina no había podido terminar, estábamos de lo más entretenidas en la Acera del Pecado y no vimos pasar a una mujer envuelta en masas con pelo rubio amarrado en la nuca que me llamaba por mi nombre desde mi casa.

- ¿La conoces? Me preguntó La Albina intrigada.

Yo la examiné curiosamente y luego respondí.

- Tal vez, pero no sé de dónde.

No hice más que llegar a la puerta y allí mismo me engrampó sin siquiera pasar a la sala y tomar asiento. Por fin la reconocí aunque no la había visto muchas veces en mi vida. Se trataba nada más y nada menos que de La Dramática de la Cotorra, la madre de la Gaviota y de Amado.

- Vengo a pedirte un favor como madre – aunque habló moderadamente me lucía bastante dramática, como su apodo.
- Puedes pasar. Vamos a sentarnos – le ofrecí cortésmente.
- No hace falta, gracias- rechazó mi invitación – voy a ser rápida y directa – agregó con discordante seguridad.

Yo me crucé de brazos y la miré sin pestañar, a la defensiva.

Evade a mi hijo – me suplicó engurruñando el entrecejo mientras abría los ojos hasta que las pestañas se le pegaron a los párpados a causa del exceso de una pegajosa mascarilla de pestañas– recházalo por tu propio bien. Él es un muchacho y no sabe lo que quiere.

Hacía un teatral soliloquio.

"Las mil y una ping..."

- Es Joven, simpático y pronto se le va a olvidar ese capricho que ha cogido contigo, y tú te vas a embarcar.
- Señora— le dije sin que me temblara la voz – No soy una niña ingenua y sé muy bien que mi suerte no te importa un comino. Háblame claro ¿Qué es lo que te preocupa?
- Eres mayor que él – ahora su voz temblaba – tienes más experiencia que él... si te compenetras con él, incluso si te acuestas con él se puede enamorar de ti.
- ¿Y? – la interrogué con una mirada dura.
- Que te puedes convertir en una carga para él que está empezando ahora la vida y tú que ya tienes una hija y estás acostumbrada a un modo de vida que mi hijo no será capaz de suplirte.
- ¿A qué modo de vida te refieres?
- Al que te dan los extranjeros. Yo sé muy bien que eres Jinetera – hizo una mueca con la boca y apretó los dientes.
- -Tú no sabes nada de mi vida – me defendí con severidad – Ese chisme te lo llevó Sin Tierra que además está muy equivocado. Ustedes dos, óyeme bien, los dos son unos malos agradecidos que no les importa que me quedé por un mes con su Gaviota.
- Enseñándole tus malos ejemplos – me replicó la mujer.
- Sal de mi casa – terminó El Willy con orgullo paternal la lluvia de ofensas. Ni yo sabía que estaba oyendo – y no te preocupes por Amado, soy yo el que no lo quiere a él aquí en mi casa.

De todos los hombre que conocí, Amado fue el más sano, el más ingenuo. Nunca supe si esto se debió a su juventud o simplemente formaba parte de su naturaleza, de lo que si estaba segura era de que con su inocencia me había envuelto dulcemente, me empujó a seguir viéndolo por ahí, en terreno de nadie, por encima de los disparatados dilemas de nuestra respectiva y trágica parentela.

"Las mil y una ping..."

Nos encontrábamos en rincones y parques oscuros para hablar boberías, para abrazarnos y besarnos, ¡sus besos me encantaban! sabían deliciosos, ricos, como si hubiera en éstos algunos ingredientes que me sazonaran el alma. Sin embargo las cosas no pasaban de ahí, él jamás se atrevió a ir más lejos.

Así sucedió todo hasta una noche en que faltó a nuestra cita, inexplicablemente. Me sorprendí tanto que me atreví a buscarlo. En su casa todo estaba oscuro y callado. Sabía que por el pasillo se llegaba a una entrada que le daba cierta independencia a su cuarto. Dudé ante la puerta de madera. Me decidí a dar un par de toques suaves, casi imperceptibles. Nadie me abrió, sentí una tos que pronto cesó como para no incomodar al silencio.

"Seré boba" – pensaba sin saber qué hacer. La curiosidad me mataba – "Por qué Amado no fue como siempre" "Yo sé que está allá dentro" – seguía obstinada- lo oí toser "Entonces por qué no me abre" "Tal vez ya se aburrió de verme".

En mi propio dime que te diré ni cuenta me di que la puerta estaba arrimada y por eso al recostarme un poco se abrió. Cuando vine a ver ya estaba adentro. Una vieja lámpara que colgaba del techo opacaba en algo con su forma acampanada la luz amarilla de un bombillo que protegía en su interior. Frente a mí en una cama personal dormía un Amado pálido, su rostro siempre risueño ahora carecía de matices. Enseguida le palpé la frente con mis manos y mi cara. Estaba ardiendo en fiebre, tanto que yo juraría que el excesivo calor de la habitación no era normal.

- Amado- susurré ya cuando estaba sentada en el borde.

Despegó los párpados con lentitud mostrando las pupilas más verdes que de costumbre gracias a un pequeño contraste con las córneas ligeramente enrojecidas por la fiebre.

"Las mil y una ping..."

- No pude ir – Dijo resignado – estoy más muerto que vivo.

Mientras más escribo más miedo tengo de reflexionar sobre lo que hice o dejé de hacer, hasta me siento a veces como si un sinfín de personas que he conocido a lo largo de mi historia me estuvieran intentando lanzar seborucos desde sus propias casas de cristal, inculpándome de un millón de cosas y que entre ellas estaría La Dramática de La Cotorra reprochándome a gritos ¿Por qué te acostaste con él? ¿Para qué? Vete a buscar tus extranjeros. Sin sospechar que años después su propia hija La Gaviota se la meterían presa por hurto y jineterismo y que cuando saliera de la cárcel se iba a buscar un prietecito chulo al que iba a mantener con lo que lograra quitarle a los extranjeros. No miento, es más seguro que cosas por el estilo le han pasado a mucha gente que se deleitaban criticándome, ignorando el refrán que dice "No hubo lengua que habló que Dios no castigó."

Es cierto que las cosas tomaron un giro arbitrario después de aquella noche en que yo misma decidí sumergirme desnuda bajo las ardientes sábanas, quemarme contra las llamas de su cuerpo que no sólo ardía en fiebre sino en deseo. No sé hasta hoy que me impulsó a esto. ¿Un repentino acto de pasión? ... ¿Necesidad de afecto?... ¿O acaso con esto retaba a su entrometidos padres? Una forma rebelde de responderles a ellos: "son los autores de sus días pero no la gobernadores de sus actos... ni mucho de los míos." Lo cierto fue que nos amamos casi por dos horas, en puro y desenfadado sexo bajo las candentes sábanas que terminaron en el suelo. Yo acostada no dejé de lamer sus labios y apretarlo contra mí hasta que por fin lo sentí estremecerse. Nunca se me olvidó un detalle; cuando se separó un poco de mí y me tocó con su índice la entrada del himen empapado de su propia secreción y después me lo pasó suavemente por mi boca entreabierta. Luego me estrechó un rato contra su pecho, conmoviéndome con su inocente romanticismo. Yo experimenté tanta ternura que me quedé así quieta por largo rato.

"Las mil y una ping…"

"Las mil y una ping..."

Capítulo 8

Corazón partío.

Lo de Amado quedó atrás sin darme cuenta, ya que después de lo sucedido me fui al otro mundo. Como Alicia en el País de las Maravillas, la novela para mí era un fantástico lugar donde me perdía entre excéntricos sujetos que nada tenían que ver con mi realidad y al mismo tiempo me absorbían sin dejarme regresar, al menos no tan fácilmente. Ni siquiera sé cuánto tiempo pasó entre el íntimo momento con Amado y la impresionante aventura con estos dos personajes del otro cuento.

Esta vez, como Alicia, llegué a la madriguera que me indicó el legendario Conejo, o Buena Fe la psicóloga, y caí por el interminable túnel, sólo que cuando llegué al suelo, en lugar de Reyes de Corazones, animales encantados, un Sombrerero o la Liebre de Marzo, que tanto me fascinaban cuando era una niña, me topé con El Bello de Infanta en un cuerpo a cuerpo; hundidos ambos en el blando sillón hecho de aluminio y flexibles tiras plásticas entretejidas entre sí, y como Alicia bebí de una porción mágica, que en esta aventura me la había preparado El Apuesto de Belascoain, tal vez para ponerme en un estado de feliz confusión, para hacer volar mi voluntad y que terminara correspondiendo, sin ningún tipo de timidez ni resquemor a las libidinosas caricias de alguien, que en otras circunstancias, nunca hubiera aceptado.

No sé en qué momento nos habíamos quitado la ropa, ni tampoco cuando fue que comenzó a penetrarme con movimientos rítmicos que hacían mecer a nuestro compás el bamboleante sillón. Estaba sentada encima de él, nos

"Las mil y una ping..."

apretujábamos, fundiéndonos las bocas en alucinantes besos. A veces quería mirarme seria y directamente en sus desafiantes ojos claros, y él me correspondía. Cuando paseaba mi vista por su excelente rostro, su fuerte cuello, sus pectorales, cada vez me molestaba menos su impertinente belleza. Por alguna parte vi la tenue y desalmada sonrisa de El Apuesto de Belascoain, que como el Gato de Cheshire aparecía y desaparecía cualquier parte de su cuerpo. A veces sólo descubría su irresistible mirada ocre calándome con ligera sorpresa, como si algo estuviera yendo más allá de lo que él nunca hubiera imaginado. En algún momento examiné su cara buscando aceptación, lo noté taciturno pero rápido creí que eran ideas mías porque cuando volví a besar a El Bello de Infanta, se acercó acariciándome una mejilla con el torso de su mano, recorriendo también mi espalda desnuda, entonces me volví para besarlo a él también. Estaba como poseída por una extraña emoción.

Ahora reapareció con el miembro viril tan hinchado y duro que no pude evitar tomarlo entre mis manos para succionarlo con delicado y dulce delirio.

Creo que El Apuesto de Belascoain advirtió que me estaba tragando a El Bello de Infanta muy rápido, enloqueciéndolo con deliciosos movimientos de cintura, y el plan era alargar al máximo el tiempo para disfrutar todos más, por eso fue que me arrancó sutilmente de sus brazos para empezar a atravesarme entonces él, estando de pie mientras me cargaba, para que El Bello de Infanta se contuviera un poco, conformándose en contemplar la fenomenal escena.

Después terminé acostada en el medio de ambos en la cama, ladeada, besándome con El Apuesto de Belascoain mientras me volvía a tragar a El Bello de Infanta que un poco inclinado detrás de mí me fornicaba mientras me chupaba el cuello y la nuca, cuando El Apuesto de Belascoain se percataba que El Bello de Infanta podría sucumbir al intento de alargar la situación erótica un poco, tomaba el dominio ladeándome firmemente hacía su amigo para ahora penetrarme él. Yo estaba como en éxtasis,

"Las mil y una ping..."

disfrutaba sentirme deseada por los dos, percibirlos devorándome con feroz apetito.

Hubo un momento en que El Apuesto de Belascoain me invitó a encaramarme encima de él con las piernas recogidas, enterrándomela toda en la vagina. El Bello de Infanta hizo una pausa y se incorporó para contemplarnos un tanto, a los pocos instantes noté que me acariciaba los hombros obligándome delicadamente a caer de bruces sobre el pecho de El Apuesto de Belascoain, tan pronto lo consiguió asió con sus manos mis caderas elevando mis nalgas un tanto hacia él, con cuidado de que no se me saliera el miembro erecto del otro. Me empezó a coger por detrás, metiéndomela poco a poco hasta que logró introducírmela por completo en el culo y dejó de dolerme, entonces se tumbó sobre de mí. Los dos me hacían el sexo al mismo tiempo, estimulándome con sabrosura entre la vagina y el ano, mientras el clítoris me quería explotar de tanta fricción. Grité como una loca porque el placer era insoportable, sentí lo que nunca antes en mi vida, lo más rico del mundo. Volví a gritar, gemí, sollocé una y otra vez, ellos también se quejaban de tanto gozo. Toda una algarabía sexual, estoy segura que hasta la vecina escuchó nuestro desesperado y placentero frenesí.

No sé quién terminó primero. Recuerdo que llegó el momento en que todo mi gozo finalizó cediendo el paso a una honda tristeza que me desgarró el alma. En la madrugada salté de la cama. Ambos estaban dormidos. Fui al baño con la intención de lavarme a ver si me desprendía de las pegajosas secreciones que empantanaban la parte posterior de mi cuerpo. Ni con el agua pude limpiarme bien, aun cuando exterminé todos los restos de semen me seguía sintiendo sucia. Comencé a llorar tanto, que como Alicia, también podría haber nadado en el charco formado por mis propias lágrimas.

Ahora estábamos nuevamente juntos en el apartamento de El Bello de Infanta, han pasado meses desde que él nos visitara en la intimidad. No lo he visto más nunca. El Apuesto de Belascoain jamás comentó nada al

"Las mil y una ping..."

respecto y eso que desde entonces nos encontramos casi a diario. Tampoco he tocado el tema, como si un duende misterioso, invisible y travieso de este cuento lo hubiera arrancado de raíz, y surgiera cual fantasma impositivo entre nosotros cada vez que nos vemos, haciendo y deshaciendo a su antojo; a mí, en particular me ha manejado como marioneta, destrozándome la espontaneidad, el cariño puro, la confianza plena; me escondió y alejó de mis ilusiones, jugó todo lo que quiso con la autenticidad de mi amor hacia él, hechizando mi espíritu en una incomprensible atracción que no me dejaba huir de esa loca relación, como si El Apuesto de Belascoain fuera un imán que me magnetizara sin que yo pudiera humanamente evitarlo.

Recuerdo que una vez cuando acudí a su cita advirtiéndole que no podíamos tener sexo porque estaba menstruando y tenía mucha molestia, que sólo había venido para no dejarlo esperando por mí y así acordar para vernos otro día. El Apuesto de Belascoain se sentó en el viejo butacón prusia que había sido testigo de lo nuestro desde un principio, me indujo a que me sentara sobre él, convenciéndome de que aunque fuera le hiciera sexo oral. Yo estaba temblando, siempre me ponía nerviosa cuando me encontraba junto a él pero esta vez no pude disimularlo, entonces me disculpé.

- Yo también estoy nervioso- me reveló en voz baja.

De inicio no le creí en absoluto, pero luego cambié de idea cuando me apretó contra él y pude sentir un leve estremecimiento en su pecho.

En el momento culminante, mientras yo hacía lo que él me pidió, hasta sus palabras delirantes afloran a mi memoria:
- que rico, chúpamela así... que me está gustando mucho.

Me acariciaba la comisura de los labios, la cabeza y los hombros semidesnudos.

- trágate la leche... trágatela.

"Las mil y una ping..."

Casi me suplicó cuando por fin estaba eyaculando muy cerca de mi garganta. Si digo que no hice el intento miento, pero no pude soportar ni un sorbo de todo aquel semen que me inundaba la boca, es más, todo aquello me dio náuseas y tuve que correr al baño, para devolverlo todo por el lavamanos y enjuagarme con mucha agua, aunque ni así pude evitar un vómito que me brotó de súbito como si se tratara de una reacción alérgica. Cuando me volví para coger la toalla vi a El Apuesto de Belascoain parado frente a mí, muy serio y con una expresión de duda en sus ojos.

Sentí vergüenza y confusión, ni yo misma sabía por qué me había pasado esto. Rápido me coloqué bien mi ceñido y ligero vestido de licra que él casi me había quitado, tomé mi cartera y me fui a la entrada. Quería escapar de él, de mi misma, de ese terrible olor a semen que seguía sintiendo. El Apuesto de Belascoain me detuvo, tomándome por un brazo antes de que pudiera abrir el picaporte de la puerta, me volvió a interrogar con la mirada hasta que por fin se decidió a preguntarme extrañado.

- ¿Qué te pasa?

Hizo una pausa sin dejar de escudriñar en mis pupilas para volver con otra pregunta que yo no esperaba

- ¿Te gustó más El Bello de Infanta que yo? ¿Eso es lo que te sucede?

No le respondí, hice un gesto que denotaba fastidio "¿Qué tendría que ver El Bello de Infanta con mi reciente rechazo al semen? ¿O sí?

Le conté lo sucedido a Buena Fe la psicóloga y hasta me atreví comentarle que últimamente comparaba fantasiosamente mi vida con la de Alicia la del país de las maravillas, no hizo ningún comentario al respecto, se limitó a sonreír. También le dije que me sentía decepcionada de mi misma e incapaz de poder encontrar a mi hombre X.

"Las mil y una ping..."

- ¿Qué esperas del hombre X?-me preguntó mientras se retocaba la pintura de los labios ante un pequeño espejo que sostenía en una mano.
- Todo lo bueno, alguien con quien hacer una familia normal, que me comprenda, que se preocupe de mí... El Apuesto de Belascoain está muy lejos de ser ese hombre.
- Si, lo sé ¿Podemos hablar en detalles otro día?- me preguntó mientras guardaba el maquillaje en su bolsa- es que tengo una cita – me informó un poco sonriente.
- ¿Con quién?- inquirí entrometida.
- Diríamos que con mi hombre Z – hizo una pausa para continuar con ironía- Al X ya lo tengo hace muchos años, convivo con él y con la familia que formamos- se puso de pie enganchándose la cartera al hombro.

Yo me sentía confundida, más en el País de las Maravillas que nunca antes, sólo que ahora si pudiera ordenaría que le cortaran la cabeza, como la reina del cuento que se apresuraba siempre a dar ese veredicto sin escuchar las razones de los condenados, ni importarle qué motivos tendrían para hacer lo que estaba mal en esa historia.

- Ya encontrarás al hombre X, estoy segura- me advirtió antes de salir- Pero no sé si una mujer como tú podría vivir en la comodidad de la terrible rutina que ofrecen los hombres X; con el pasar de los años, se vuelven amnésicos y hasta olvidan quiénes somos, nos dejan morir en vida con todas nuestras ilusiones... como un jardín cuando no se riega más.

Me sonrió amargamente, y sacudió ligeramente mí cabeza con su mano derecha, en un gesto afable, luego se esfumó, no sin antes recalcarme:

- Ya encontrarás al hombre X, eso te lo garantizo. ¡Y ojalá te resulte un buen jardinero muchacha!

"Las mil y una ping..."

Ni siquiera me recordó que volviera otro día para conversar con más tiempo. No regresé nunca más, su filosofía de vida me dejó sencillamente sin aliento.

Por otro lado enfrentaba una batalla campal conmigo misma, pues como Alicia me parecía que estaba creciendo mucho o encogiéndome demasiado; no podía definir a ciencia cierta si El Apuesto de Belascoain me quedaba grande o pequeño; cual vestido que no lograba ajustarme por nada del mundo, como si en absoluto tuviera que ver con mi verdadera talla.

El Balón cual Sombrerero de Alicia, se interesaba mucho por cada uno de mis pasos en mi aventura con El Apuesto... y hacía con mis sentimientos lo mismo que con el reloj del Conejo, en lugar de arreglarlo, lo único que lograba era descomponerlo más. Me enredaba con sus misteriosas confidencias, como el día que El Apuesto de Belascoain no llegó a la filmación porque un amigo, entrado en años, que había pasado la noche en su casa, amaneció muerto y la Policía se lo tuvo que llevar a prestar declaración a la Unidad Policial.

- ¡Te lo dije boba! Es de mi bando - me comentó con voz amanerada, mientras la novela entera esperaba por El Apuesto de Belascoain- A ese muerto lo que le pasó fue que no aguantó la emoción.

Nunca he podido arrancarme del pecho las dudas que me sembrara El Balón sobre la confusa inclinación de El Apuesto de Belascoain...

El tiempo no se detuvo mientras que la novela llegaba a su fin. En los últimos dos meses sólo filmaban los exteriores que siempre ocurrían en las afueras de la ciudad, y yo como extra figurante no tenía que estar presente, por lo que nuestros encuentros dejaron de ser frecuentes. Las pocas veces que nos vimos desde entonces El Apuesto de Belascoain me pedía que permaneciera junto a él toda la noche porque no quería quedarse solo en el

"Las mil y una ping..."

apartamento después de la muerte súbita del enigmático hombre, del cual nunca me dio ni pelos ni señales, siempre evitaba tocar el tema.

Sin embargo cuando El Balón me enseñó una foto donde se veía muy acaramelado con Flor, una actriz de la novela, monté en cólera y aunque me suplicó que volviera con él, que ella no le gustaba para nada, ni siquiera en la cama, no accedí. Me quedó muy claro que a él le encantaban las apariencias y aunque Flor parecía venir de otro cuento, cual Dorotea la del Mago de Oz, "ni flaca ni gorda, ni linda ni fea" y no se podía parar al lado mío en atributos; la verdad es que como actriz me sobrepasaba porque a ella siempre le daban muchas oportunidades y en esa misma novela interpretaba un personaje significativo, mientras que yo sólo hacía un figurante sin importancia.

Ya para cuando se acabó la novela, El Apuesto de Belascoain y yo no nos habíamos encontrado más, es cierto que tuve grandes depresiones, me moría por volverlo a ver. A veces acariciaba entre mis manos el estrujado papelito donde había anotado su número de teléfono. Quería llamarlo, hacer retroceder el tiempo, volver a los primeros días de la novela, al momento mágico de nuestro primer beso detrás del espejo, en el set de filmación. Cual árbol por donde se metió Alicia. Reencontrarme con los irreales personajes que me acompañaron al final del túnel. Ni si quiera vi más a mi amiga La Rubia. Como si todos hubieran quedado en aquel mundo y solamente yo hubiera seguido nadando contracorriente en mi propio mar de lágrimas.

Ni La Bestia que me conocía tanto sabía ahora quién realmente yo era, ni lo que buscaba, y como la Oruga Azul del cuento, pasaba horas discutiendo conmigo sobre mi verdadera identidad.

Tampoco yo me entendía, me casé con un no sé quién, que prometo describir en la segunda parte, y me fui a España, despidiéndome de todos. Hasta La Bestia me había dicho que no iba a soportar mi larga ausencia, esa vez me dolió ver tanta angustia en su mirada transparente e irreal. Sin embargo a los pocos días regresé como si nunca me hubiera ido.

"Las mil y una ping..."

El tiempo había corrido cual carrera maratónica sin dejar que me diera cuenta que ya hacía un año que no veía a El Apuesto de Belascoain, y cuando lo tuve frente a mi nuevamente accedí a tener un acercamiento, sin acordarme el por qué me había alejado una vez de él.

Luego del encuentro terminé confesándole a La Bestia todo lo que sucedió después que me hubo dejado sola con El Apuesto de Belascoain en el cuarto que él mismo (La Bestia) consiguiera para que pudiéramos tener un momento de intimidad. Estábamos ambos sentados en un lugar de privilegiados bancos y asombrosas sombrillas, también era un sitio maravilloso donde no cualquiera podía estar.

Entonces yo tenía unos mágicos dólares, un fantástico y ausente marido, para ser más exacta: las llaves para abrir puertas herméticamente cerradas.

Una Pizza y un refresco en la redonda mesa estaban siendo tragados por La Bestia que ahora más que antes se me parecía a la Oruga de la Seta Gigante y con la boca llena seguía cuestionando mi identidad.

- De verdad no sé por qué estás con el español, es como si te estuvieras vendiendo.
- Tampoco entiendo para qué te quejas de El Apuesto de Belascoain si tú más que nadie lo conoces ¿Para qué te entregaste a él hace un momento?

Pero yo seguía justificándome, como si con tanto tira y encoje hubiera perdido mi propia identidad. Al igual que en los viejos tiempos El Apuesto de Belascoain me había hecho el amor, asegurándome que aunque la novela había salido al aire y ahora era muy popular, para mí él continuaba siendo el mismo. De eso me di cuenta tan pronto me pidió, como una prueba de amor, la cadena de oro de 18 quilates que rodeaba mi cuello y que pertenecía al español. Advirtiéndome que no me divorciara de él, y pidiéndome que nos fuéramos a vivir juntos a un alquiler que pagaríamos a la mitad.

"Las mil y una ping..."

Fuera de la maravillosa aventura que tuve con él, ya firme en la implacable realidad, vi en El Puesto de Belascoain... al tipo sádico que realmente era, desalmado y capaz de lo que fuera por cualquier cosa relacionada con bienes materiales. Lo espiritual en él nunca existió, ni siquiera en mi cuento de hadas. Pero yo estaba detrás del árbol, túnel abajo, como Alicia, en mi mundo ficticio. Enajenada en un éxtasis de mujer encantada por un sabroso macho, de hembra en celo que terminaba una y otra vez cayendo junto con él en la maldita concupiscencia. ¡No quise verlo más! No porque me hubiera dado cuenta de la pata que cojeaba como dice un refrán, ni porque midiera cuán lejos podría llegar para sacar provecho de mí. Tampoco porque temiera historias compartidas como la de El Bello de Infanta, y otras locuras que se le ocurrieran por el camino, sino por algo mucho más simple: por El Apuesto de Belascoain ya no sentía nada. Y eso me dolía; yo quise al menos haberle cogido odio.

La Bestia siguió devorando el manjar mientras yo continuaba sintiéndome Alicia, incluso desde la primera vez que había estado en este mismo lugar tomando una decisión de vida o muerte dictada desde el insoportable rugido de mis tripas que me pedían a coro algo de comer, entonces tenía cinco dólares para cubrir los gastos de la semana, pero el seductor olor a queso, harina y puré de tomate horneados me conquistó como no lo hubiera hecho ni el tipo más hermoso del universo.

Recuerdo que entonces sucedió, como Alicia en la merienda de locos. Se me acercó alguien afirmándome cosas con evidente falta de lógica, era un joven madrileño que me aseguraba que había lanzado un Disco Musical. Yo lo miraba sin dejar de saborear mi exquisita Pizza.

Delgado, con tez blanca, cabeza ligeramente alargada y ojos intranquilos me hablaba de sus canciones, parecía como si se le fuera a enredar la lengua. Empecinado le pidió al musicalizador del lugar que pusiera el CD, casi me obligó a escuchar todas sus canciones, mientras yo lo miraba con sonrisa resignada.

"Las mil y una ping..."

- "¡Qué nivel de locura!" - me decía por dentro, parecía que el último tema nunca iba a llegar;

¡Hasta que por fin! Entonces me disponía a marcharme, a pesar de su insistencia en que nos quedáramos allí charlando un poco más.

- "¡Dios me libre!" – Pensé, mientras mantenía mi ecuánime sonrisa.
- ¡De veras cantas muy bien!- le dije con sinceridad – "¡Pero cada loco con su tema!"- agregué sin palabras.

Me dio un beso en la mejilla, me abrazó y me regaló una copia del Disco donde aparecía vistiendo traje de torero y con un irrelevante seudónimo.

Finalmente me preguntó el nombre; aquello me dio gracia, fue lo que debió haber hecho desde un principio. Unos pocos años más tarde cuando mi esposo el español me regaló un disco con la misma imagen de aquel hombre, sólo que ahora con otro seudónimo y el título de "Corazón partío" Casi me caigo para atrás. Era el mismo tipo de la merienda de locos, el que me hizo insufrible la deliciosa pizza.

Compartí dos horas de mi vida con un raro y misterioso personaje en mi chiflada historia, que sólo me volvería a encontrar si pudiera volver a caer por el profundo túnel o penetrar a través del espejo; lo tuve delante de mí, lo escuché tararear su propia música, lo observé con mirada indagadora. Sí, lo miré mucho. Algo en él me lucía extraño, además parecía triste, como si alguien le hubiera destrozado el corazón, pero no sé a ciencia cierta, ni aun creo que haya logrado suponer en realidad qué habría detrás o delante de su vida, y mucho menos que alguna vez, posteriormente, hubiera podido por fin curar su corazón partido, levantando de los asientos al mundo. Y que más tarde, aquel extravagante forastero que cruzó por uno de los fragmentos de mi narración, lanzaría su alma al aire entre millones de aplausos.

"Las mil y una ping..."

Le conté a La Bestia la anécdota que le pareció singular, incluso exclamó:

-¡Oye Mayiye es sencillamente asombroso!

Pero lo cierto ahora era que debía ocuparme de mi propio corazón de lo que habría de hacer con mi historia a partir de ese momento. Es por eso que en la segunda parte continúo plasmando en emocionantes páginas los relatos de mi apasionada existencia.

En estos momentos salimos de la pizzería: La Bestia todavía tenía el ademan patético que le causó mi remoto y extraordinario encuentro con el cantante. Comenzó a sonar los dedos como si fueran castañuelas canturreando el tema en voz baja y afinada.

- ¿Quién me va a entregar tus emociones? ¿Quién me va a pedir que nunca la abandone? ♪

Qué cómico, parecía que iba a desarmarse moviendo su flaco y alargado cuerpo. Solté una reprimida carcajada. Al menos se me alegró un poco la tarde.

Bajamos por toda la calle San lázaro repitiendo a dúo algunas estrofas.

"¿Quién me tapará esta noche si hace frío? ¿Quién me va a curar el corazón partío?"♪

Ya no recuerdo cómo fue que llegué ese día a casa.

FIN DE LA PRIMERA PARTE.

"Las mil y una ping..."

Notas del Editor

1. <u>Coger el verde</u>. Manera popular de referirse en Cuba al llamado del Servicio Militar, el cual es obligatorio y marca el inicio de una etapa importante en la vida de un muchacho cubano debido a la escaseces y dificultades que implica para la vida.
2. <u>Coronilla</u>: aguardiente de caña muy gustado en los años ochenta. Cigarros Popular: marca de cigarros cubanos también muy ofrecidos al pueblo por la misma época, los había de dos tipos populares fuertes, y populares rubios.
3. <u>Jabón de lavar</u>: En Cuba se recibía por ese entonces dos jabones de baño y un jabón de lavar por persona cada mes a través de la Libreta de Racionamiento. El jabón de lavar contenía más potasa y menos aroma permitiendo el lavado a mano. Donde las lavadoras eran un objeto sólo conocido por la elite del gobierno o algunos privilegiados.
4. <u>Los mandados</u>: Como se conocía en Cuba a la ración de víveres que se repartía al comienzo de cada mes al pueblo a través de la Libreta de Racionamiento.
5. <u>Darse mate</u>: Manera popular de expresar besarse en la boca.
6. <u>Camisa de once varas</u>: Quiere decir meterse en problemas.
7. <u>Underwood</u>: Un antiguo modelo americano de máquina de escribir.
8. <u>Lechada</u>: Una pintura blanca muy acuosa a base de cal que era lo único que como pintura se podía conseguir por aquellos tiempos.
9. <u>Despenalización del dólar</u>: Cuando la comunidad cubana exiliada en Miami comenzó a enviar remesas de dinero a los familiares en Cuba el gobierno cubano aceptaba el dinero y daba al cambio de uno por uno, pesos cubanos a las familias en Cuba. Penalizando con años de cárcel a todo nacional cubano que fuera encontrado en posesión de dólares americanos.
10. <u>Le Maison</u>: Exclusiva casa de modelos en Cuba.

"Las mil y una ping..."

11. Dar en el clavo: Expresión que quiere decir aceptación, y en este caso que era por el que realmente sentía.
12. Orden 18: Establecida para jóvenes que después de pasar un período de servicio militar activo tenían derecho de entrar a la Universidad sin importar pruebas de ingreso o selección.
13. Motocicletas Júpiter: Motocicleta Rusa de 350 cc, como casi todo lo que circulaba en Cuba.
14. Hacerse Santo: Ritual de la Religión Yoruba Africana, en esta ceremonia el Ángel de la guarda de la persona corona su cabeza. Este es un ritual que da una posición importante en la religión a quien la recibe. La ceremonia dura 7 días durante los cuales la persona tiene que permanecer aislado en un cuarto de santo, se le rasura la cabeza y se le trata como a un bebe, pues se supone que a nacido nuevamente y empieza a desarrollar una nueva relación de armonía con su Orisha.
15. ICAIC: Instituto Cubano de Industria Cinematográfica.
16. Extra: Como se le conoce en TV o Cine a los que aparecen en escena con cortos diálogos o sin relevancia alguna.
17. Jabáo: Se dice Jabá en el caso de las mujeres y se define en Cuba como persona de piel clara con pelo amarillo ensortijado. Hijo de Blanco y Negro, pero que no es mulato.
18. Barbacoa: Entablado de madera que divide una habitación en dos, cuando el puntal es lo suficientemente alto, creando un segundo piso en algunas habitaciones.
19. Pabellón: Se le conoce en las cárceles cubanas como la compensación que se le concede a algunos presos de ser visitados por las esposas para tener un tiempo íntimo.
20. Estaba jurado: Se refiere a que además se había hecho Abakuá.
21. Pepe: Se les llamaba a los extranjeros que visitaban Cuba en busca de mujeres.
22. Solares: Casas muy reducidas apilonadas a ambos lados de una estrecha callejuela o pasillo, que compartían baños y aéreas comunes de lavado.

"Las mil y una ping..."

23. Posta médica: Conformando el sistema de salud una cadena de hospitales, policlínicos y en la base de la atención diaria, estas especies de consultorios que atendían durante el día, teniendo los médicos su casa en los altos del consultorio.
24. Banquero-Bolitero: Dícese de aquél que en Cuba recoge apuestas a números y reparte el precio de ganancias según el número que haya salido ganador al final del día. Lo cual es ilegal y si bien son personas con mucho dinero tienen que vivir en la sombra de la clandestinidad huyendo siempre de la policía y las delaciones.
25. Orula: Para la religión Africana es el Gran Adivinador que conoce todos los caminos, los creyentes santeros van a él para que les diga el pasado y prediga el futuro.
26. La Lenin: Escuela Vocacional de Ciencias Exactas. Otra escuela en el campo pero con un nivel académico mucho más alto.
27. El Tablero de Ifá: Es una tabla redonda, sobre la cual se tira el Ékuele que es el otro instrumento, como una cadena, que usan los Babalawos durante el acto adivinatorio. Esta tabla se coloca en el suelo sobre una estera, en ocasiones, el borde es labrado; en ella además, se marcan los cuatro puntos cardinales.
28. Los collares: Estos collares están confeccionados con cuentas de cristal de variados colores que tienen un significado según el Orisha que representan y forman parte del ritual de la religión Yoruba en Cuba.
29. La Mano de Orula: Es una ceremonia realizada por al menos cuatro Babalawos. En esta ceremonia se determina, qué Orisha es el ángel de la guarda de la persona, también aquí se sabe el destino que tenemos cada uno en la tierra, se le dan consejos y recomendaciones para que la persona tenga una vida larga y próspera. También se determina hasta que escalafón podemos llegar dentro de la religión.
30. En el panteón Yoruba Ochún que era una bella mulata se enamoró perdidamente del guerrero Changó.

"Las mil y una ping..."

31. Reverbero: Pequeño quemador de metal que usaba alcohol como combustible, con el que se podían calentar porciones de comida o incluso freír huevos.
32. Jinetear: Prostituirse, en Cuba dícese de las mujeres que se acostaban con turistas extranjeros a cambio de dinero u otros favores de intercambio.
33. Tur: Se les llamaba así a los carros de renta para el turismo extranjero cuya matrícula comenzaba: TUR.

"Las mil y una ping..."

Breve reseña sobre la autora.

Amante de las Artes plásticas y de la literatura como forma de expresión, Mayda Saborit nace en La Habana el 12 de septiembre de 1971. Desde niña descubrió sus inclinaciones artísticas. Estudia Artes Escénicas y luego trabaja como guionista y escritora para la Radio y la Televisión. En el año 2005 la editorial europea Host lanza su novela testimonio Náufragos de la Isla de la Libertad, que escribiera junto a su esposo Liuver Saborit, donde narra por su parte, con magistral excelencia, su drama como madre que tuvo que dejar irremediablemente a sus dos hijos pequeños, con la esperanza de algún día volverlos a encontrar.

Náufragos de la Isla de la Libertad.

Liuver y Mayda Saborit

Novela testimonio

214páginas

ISBN: 978-0-9856325-7-1

www.ingramcontent.com/pod-product-compliance
Lightning Source LLC
Chambersburg PA
CBHW061322040426
42444CB00011B/2726